Am liebsten hätten sie veganes Theater

Am liebsten hätten sie veganes Theater
Frank Castorf – Peter Laudenbach
Interviews 1996 – 2017

Verlag Theater der Zeit
Verlagsleiter Harald Müller
Winsstraße 72, 10405 Berlin, Germany

www.theaterderzeit.de

Lektorat: Nicole Gronemeyer
Bildredaktion: David Baltzer
Gestaltung: Agnes Wartner

Printed in Germany

ISBN 978-3-95749-132-9

Am liebsten hätten sie veganes Theater

Frank Castorf
Peter Laudenbach
Interviews 1996–2017

Mit einem Interview mit Bert Neumann

Theater der Zeit

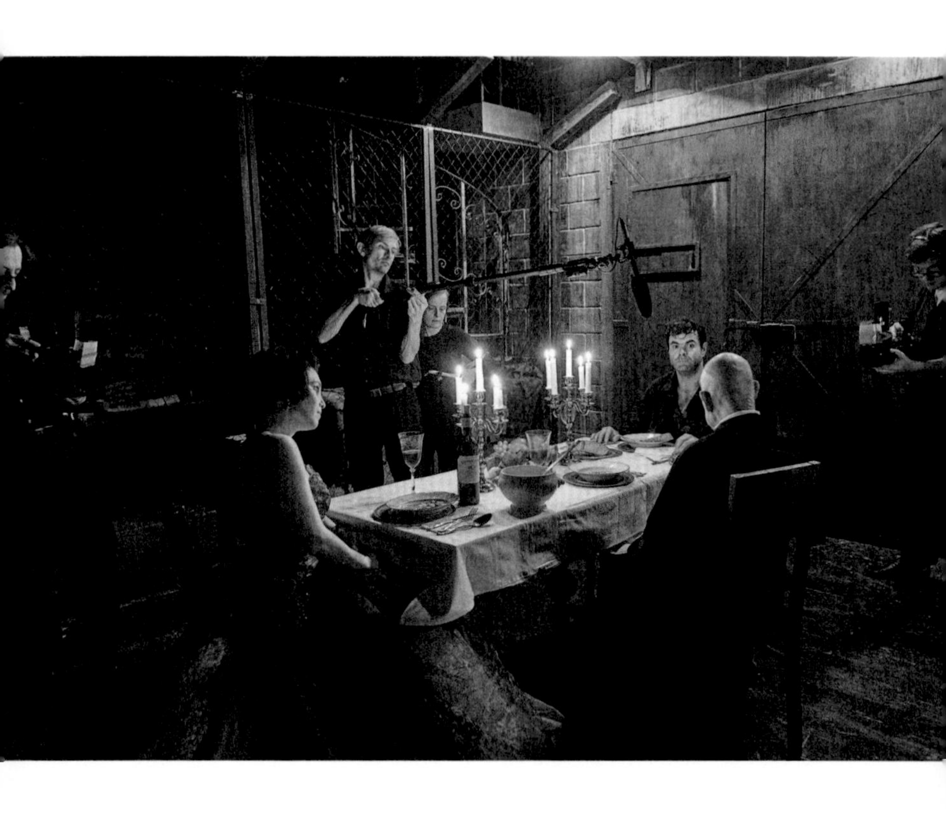

Berlin liegt am Meer

Das Gespräch fand Ende November 2017 statt, eine Woche vor der Premiere der Romanadaption von Victor Hugos »Les Misérables« am Berliner Ensemble am 1. Dezember. Frank Castorf ist seit drei Monaten nicht mehr Intendant der Volksbühne. Sein Nachfolger hat erste Proben seines, nun ja, Könnens gezeigt. Die zweieinhalb Jahrzehnte der Castorf-Volksbühne sind jetzt wirklich: Geschichte. »John-Lennon-Nachlass 3,1 Millionen Euro wert« meldete die »BZ« in der U-Bahn auf der Fahrt des Reporters zum Interview.

Sina Martens, Jürgen Holtz, Andreas Döhler und Videoteam in »Les Misérables« (2017)
Foto: Matthias Horn

Herr Castorf, haben Sie Phantomschmerzen, weil es die Volksbühne als dieses sehr besondere Theater nicht mehr gibt?
Ich gehe an dem Gebäude vorbei und bin über alles, was ich getan habe, sehr froh. Dass da kein Rad und kein »Ost« mehr stehen, ist richtig. Niemand kann das für sich beanspruchen, das ist ein Etikettenschwindel, den ich nicht zulasse. Das ist Partisanentum, verbrannte Erde, wie die Aufständischen in Spanien den napoleonischen Usurpatoren 1808 nichts überlassen haben. Sie haben damals im Prinzip den Gedanken des Guerillakampfes geboren, wie das Carl Schmitt beschreibt. Das Theater steht heute so traurig da, sehr viel trauriger als zu der Zeit, als ich es übernommen habe. Obwohl damals nur fünfzig Zuschauer im Parkett saßen, war es immerhin noch ein Theater. Ich habe, als wir 1992 angefangen haben, nur zwei Inszenierungen aus dem Repertoire übernommen, »Die Räuber« und »Das trunkene Schiff«, und die waren beide von mir. Heute jammern unsere Nachfolger, dass sie unsere Inszenierungen nicht übernehmen durften. Das ist larmoyant. Jetzt ist die Volksbühne wieder ein nackter, toter Bau von schlagender Hässlichkeit, wie Ivan Nagel damals geschrieben hat. Das soll wahrscheinlich die neue Sachlichkeit sein. Vielleicht ist es, wie Fernsehjournalisten mutmaßen, das Theater des 21. Jahrhunderts, aber dann schafft es sich in kürzester Zeit selbst ab. Bei Victor Hugo kann man lesen, wie das alte, das Vor-Baron-Haussmann-Paris Funken schlägt und ungeheuer vital ist. Das ist böse, anmaßend, komisch, das hat mit Kunst zu tun. Das zu lesen macht mir Spaß, ganz egoistisch.

Das war jetzt eine schöne Beschreibung der alten, sozusagen der Vor-Baron-Haussmann-Volksbühne: vital, böse, anmaßend, komisch, Kunst. Vor zwei Jahren sagten Sie gewohnt defätistisch, dass das schnell vergessen und die Lücke mit Coca-Cola gefüllt werden wird. Das mit dem Vergessen war offenbar ein Irrtum.
Naja, das ist doch schön.

Nehmen Sie das Wirken ihres Nachfolgers wahr?
Das sind des Kaisers neue Kleider. Jeder weiß, dass der Typ nackt ist.

Das konnte man mit etwas Kenntnis auch schon länger sehen. Er kann ja nichts dafür, dass er ist, wie er ist. Das eigentliche Verbrechen ist, dass Politiker ohne jede Kenntnis und offenbar ohne Leute zu fragen, die etwas mehr von der Materie verstehen, so jemandem ein Theater ausliefern. Ich weiß nicht, ob es stimmt, dass Matthias Lilienthal seinen Freund Dercon empfohlen hat. Das wurde damals ganz geheim gehandelt. Ich war mit meinem Anwalt Gregor Gysi bei Müller [Michael Müller, seit 2014 Berlins Regierender Bürgermeister] und Renner [Tim Renner, 2014–2016 Berlins Kulturstaatssekretär], und sie taten, als hätten sie gerade einen neuen Picasso entdeckt. Aber sie haben keinen Namen genannt. Ich weiß nicht, ob Sie das Foto kennen, wo mir Renner und Dercon bei der Hundertjahrfeier der Volksbühne die Hand schütteln. Das ist zweimal Tartuffe. Man sieht das Bild und weiß eigentlich alles. Dercon scheint auch keine Scham zu kennen. Das auszuhalten ist ja auch eine Leistung. Aber an der Volksbühne gab es zwischen den revolutionär-avantgardistischen Zeiten immer Phasen des ungeheuren Stillstands, konfus modernistisch, völlig ziellos. Wie heißt noch mal der junge Mann, der bei uns im Jugendtheater war und jetzt Tanz macht?

Dercon – das sind des Kaisers neue Kleider. Jeder weiß, dass der Typ nackt ist.

Tino Sehgal?

Wenn man in einem dunklen Raum einen gefälschten Van Gogh an die Wand hängt und leise flüstert, gilt das bereits als Theater. Dass der Kaiser nackt ist, stört nicht weiter, solange man mit Kunst, bei der es um nichts geht, Geld verdienen kann, auch mit der Interpretation und dem Kuratieren von Kunst. Offenbar ist es ein Beruf, durch die Welt zu reisen und einzukaufen – ein Intendant als Einkäufer und Verkäufer, mehr ist er nicht. Wie am Kunstmarkt ist das Geld, das Label der einzige Bedeutungsträger. Nur a posteriori, durch den hohen Preis, bekommen die Dinge ihre Wertigkeit, für sich bedeuten sie nichts. Es ist unglaublich, was der Typ in Interviews oder auf irgendwelchen Podien erzählt. Das war bei Renner auch so. Ich habe Renner bei einem Abendessen bei Peter Raue [ein kulturinteressierter Berliner Rechtsanwalt] getroffen, er hat endlos geredet und hinterher wusste man nicht, was er gemeint hat, kein Wort. Das ist bei Dercon genau das Gleiche. Eigentlich bleibt im besten Fall die Grundsympathie, die man früher für Rudi Carrell hatte. Der Druck, sich das schönzulügen, auch in den Redaktionen der großen Zeitungen, ist offenbar enorm. Man sieht, wie Pop-Journalisten und Leute aus dem Kunstumfeld, die sich davor nicht durch Theaterkennerschaft ausgezeichnet haben – müssen sie ja auch nicht –, plötzlich über die Volksbühne schreiben und die jetzige Intendanz feiern. Der Opportunismus ist gut trainiert. Man merkt selbst den Widerspruch bei jemandem, den ich mag und der intelligent ist, bei Diedrich Diederichsen: einerseits wäre es ganz schön, wenn die Volksbühne kein Theater mehr ist, andererseits sieht er selbst, dass das, was da jetzt geschieht, Scheiße ist.

Was würden Sie sich für die Volksbühne für die Zeit nach dem jetzigen Intendanten wünschen?
Das weiß ich nicht. Die Frage ist, wie lange die Politik, der Herr Müller und der sehr zauderliche Herr Lederer [Klaus Lederer, seit 2016 Berlins Kultursenator], tatenlos zusieht. Wenn das Theater in die roten Zahlen kommt, und das wird es ziemlich schnell, hat es sich erledigt. Bis dahin gehen Fähigkeiten verloren, wenn die Gewerke nichts zu tun haben, weil nicht produziert wird. Jetzt sitzen die Leute in der Kantine und betteln darum, dass sie arbeiten dürfen. Sich aus dieser Lethargie zu befreien und das Haus wieder zu einem Produktionsapparat zu machen, wird schwierig werden. Wenn es einmal kaputt ist, ist es kaputt. Das unterschätzt Lederer. Das Theater wird nicht wieder lebendig, nur weil sich der Senator ein Volksbühnen-T-Shirt anzieht.

Wie war das letzte Jahr für Sie?
Die letzte Spielzeit der Volksbühne war das anstrengendste Jahr in meinem Leben. Das war schwerer als Haftbefehle in der DDR. Es war der

Kampf nach außen und nach innen. Man hat gemerkt, Westberlin hat sich entschlossen, den anmaßenden, barocken Castorf endlich loszuwerden. Das war ganz klar, von Bürgermeister Müller bis zu den Tageszeitungen. Das war nicht überraschend. Dann gab es eine Gegenbewegung von Leuten, die gesagt haben, jetzt muss ich da mal wieder hingehen. Dann waren sie affiziert und sind immer wieder gekommen. Das war enorm. Am letzten Tag standen 5000, 6000 im Regen vor der Volksbühne, besser kann man nicht aufhören. Gleichzeitig war es wichtig, das nach innen am Kochen und in der Überforderung zu halten. Wie immer man zu ihnen im Einzelnen steht, aber Herbert Fritsch, Christoph Marthaler, die Schauspieler, René Pollesch, wir sind uns in den letzten beiden Jahren so nahe kommen wie seit Jahren nicht mehr.

Der Output an letzten Volksbühnen-Inszenierungen war enorm. Sie haben mit »Faust« – mitten in den Debatten um das Ende Ihrer Intendanz – eine konzentrierte, klare, gewaltige Inszenierung gezeigt.

Auch das war ein Kampf von Aleksandar Denić [Castorfs Bühnenbildner] und von mir, gegen die Macht der Gewohnheit, die es auch an der Volksbühne gab und die, wie Lenin sagt, die fürchterlichste ist. Och, das ist ja so ein großes Bühnenbild, da müssen wir ja eine Woche aufbauen … Das habe ich mit aller Gewalt durchgesetzt, gegen die Abteilungen. In meinem barocken, auch katholischen Weltgefühl ist mir so ein orthodoxer Serbe wie Aleksandar Denić sehr nah, auch in dem latenten Kitsch, den die nachgebaute Filmkulissen-Realität manchmal hat. Im Augenblick fühle ich mich darin sehr wohl. Bei der »Faust«-Produktion ist dieses Schwungrad der gemeinsamen Arbeit wieder in Gang gekommen, immer wieder, bis zur letzten Vorstellung von »Kabale der Scheinheiligen« in Avignon. Ich wollte, dass da das Rad steht, das ist egoistisch, das stimmt. Den Gefallen habe ich mir selbst getan, das Schlussfest, das allerletzte, in Avignon zu feiern, im Freien, unter einer Sonne, die mir näher ist als die in Berlin. Viele am Haus wollten lieber über ihr Elend und das Ende reden und nichts tun. Ich wollte arbeiten. Der Schluss ist das Entscheidende, das ist das Finale.

Bert Neumann hat die Volksbühne so stark geprägt wie Sie. War das eigentliche Ende nicht schon sein Tod im Juli 2015?
Das war auch die erste Überlegung. Er war ein ganz wesentlicher Motor, auch in der Art und Weise, wie er Leute gestützt hat. Mein wichtigster Mitarbeiter, nicht nur als Bühnenbildner, war tot. Die Frage war, lohnt es sich weiterzumachen. Nein, es war richtig, dass wir bis zum Schluss so kämpfen wollten, dass wir nicht vergessen werden.

Vermissen Sie das Ensemble der Volksbühne, auch wenn der Theaterkritiker Franz Wille glaubt, die Volksbühne hätte kein Ensemble gehabt?
Kein Schauspieler würde sich über sechs Stunden abfackeln wie Marc Hosemann oder Alexander Scheer oder Martin Wuttke, wenn das keine Ensemblearbeit wäre. Wir haben am Anfang mit vielen aus dem alten Ensemble weitergearbeitet. Weil ich schon 1985 mit Henry Hübchen in Anklam »Nora« gemacht hatte, haben wir ihn von Anfang an zum Zentrum des Ensembles aufgebaut. Er hat das Ensemble über fünfzehn Jahre durch sein Spiel geformt. Mit dem nötigen Charme und seiner Intelligenz hat er die anderen mitgenommen. Die Spieler prägen sich gegenseitig, das ist der Kern eines Ensembles. Das war für die Volksbühne extrem wichtig, bis zum Ende.

Das tropische Klima wird die Feinde der Freiheit vernichten.

Mit Victor Hugos Roman »Les Misérables« bleiben Sie am Berliner Ensemble Ihrer Liebe zu dicken Romanen aus dem 19. Jahrhundert treu. 1862, im Erscheinungsjahr des Romans, notieren die Brüder Goncourt in ihrem Tagebuch, es sei »amüsant«, dass Hugo 200 000 Francs, ein enormes Vermögen, damit verdiene, »dass man das Elend der unteren Volksschichten bemitleidet«. Ist das zynisch oder einfach gut beobachtet, oder ist es beides?
Man kann offenbar viel Geld damit verdienen, das Elend zu beschreiben

und journalistisch oder in Hollywood zu verwerten. Aber deshalb nicht über die Armut zu schreiben, würde auch niemandem helfen. Die Brüder Goncourt waren Bluthunde der Reaktion, man erinnert sich an ihre berühmten Sätze über die Pariser Kommune, jeden der Aufständischen müsste man einzeln durch die Straßen zu Tode schleifen. Sie waren absolut reaktionär, trotzdem waren sie in der Lage, die Attraktivität großer Literatur, ihre Widersprüche, die sich im Einzelnen widerspiegeln, sehr genau zu beschreiben. Fast zur gleichen Zeit wie Hugo verfasst Balzac seine bissigen Gesellschaftsromane, von denen Marx sagt, Balzac sei vielleicht Royalist, aber niemand beschreibe den Zustand der französischen Gesellschaft besser als er. Er schreibt so viel wie kein anderer, um all die Seide, die Schulden und die Liebe zu bezahlen. Victor Hugo schreibt seinen Roman im Exil auf einer kleinen britischen Atlantik-Insel. Gleichzeitig protokolliert er eine Liebesliste, er notiert, wann er eine Brust anfassen konnte und wann er Geschlechtsverkehr vollzogen hat. Er wird vom extremen Monarchisten zum Sympathisanten früher Sozialisten wie Blanqui, jemand, der die sozialen Widersprüche wahrnimmt. Hugo schreibt über die Aufstände der Polen gegen die russische Herrschaft oder die der Mexikaner gegen die Fremdherrschaft der Franzosen. Er sagt, die Guerilla wird vielleicht irgendwann dieser wohlorganisierten Armee unterliegen, aber dann übernehmen die Landschaften den Krieg. Das tropische Klima wird die Feinde der Freiheit vernichten. Da denkt man an Heiner Müllers »Der Auftrag«. Das sind Sprünge ins Surreale bei Hugo. Die Surrealisten sahen in ihm einen Verwandten. »Victor Hugo war ein Verrückter, der sich für Victor Hugo hielt«, schreibt André Breton.

Heute verachtet die Hochkultur seinen Roman als trivial, grell, sentimental, Rohstoff für Musicals. Aber im Erscheinungsjahr feiert ein hellsichtiger Avantgardist wie Baudelaire »Les Misérables« und bewundert Hugo als Lyriker.

Der Roman hat etwas von einem endlosen Gedicht in vielen Schichten, eine große Montage, man muss sich die einzelnen Brocken rausnehmen. Die Aufstände und die Regierungen nach Napoleon wechseln in rasanter Geschwindigkeit. Mario Vargas Llosa nennt Hugo einen »Ozean«, einen »göttlichen Stenografen«, und da ist was dran. Ich bin von Dostojewski geprägt, da taucht der Erzähler nur manchmal kurz und ironisch auf. Er ist nie ein Wegweiser durch das Dickicht des Romans, kein gottgleicher Erzähler, der alles weiß und erklärt. Hugo erklärt dauernd, ein Besserwisser, der immer wieder seine Figuren mit endlosen Exkursen unterbricht, um sein eigenes Denken vorzuführen. Mittendrin baut er ganze Schlachtgemälde ein und fragt sich, ob die Schlacht von Waterloo anders ausgegangen wäre und Napoleon den Krieg gewonnen hätte, wenn es etwas weniger geregnet hätte. Dieser Besserwisser ist natürlich ein genialer Regisseur. Man hört immer seine Stimme, das ist der Unterschied zu Dostojewski.

Deshalb hat Flaubert ja Hugo und seinem Roman vorgeworfen, er zeige keine richtigen Menschen und lebendigen Charaktere.
Das sind Märchenfiguren, das erinnert an amerikanische Fernsehserien, melodramatisch und mit lauter ausgedachten Konstruktionen. Das gefällt uns wahrscheinlich so an den Fernsehserien; man behält die Übersicht, die wir im realen Leben längst verloren haben. Hugo ist ein genialer Vertreter des Serienformats, die Kapitelüberschriften könnten gut bei Tarantino auftauchen. Die Dramaturgie mit Rückblicken über Jahrzehnte ist so weit gespannt wie bei einer HBO-Serie. Balzacs Figuren sind plastischer, weil Balzac immer die Distanz des Beobachters zu ihnen hält. Er zeigt sie uns als Geschöpfe, die Recht auf ein Eigenleben haben, sie werden sich nicht ändern. Die Menschen bei Hugo sind das pure Böse oder das pure Gute, wie der Bischof Myriel, der aus dem hasserfüllten früheren Sträfling Jean Valjean einen guten Mensch macht und ihm alles Silber schenkt, um dessen Seele zu retten. Das ist ein faustischer Pakt, der Ausgangspunkt des ganzen Romans. Es sind keine Charaktere im Sinne der Alltagspsychologie, das sind Archetypen. Auch die Liebe Cosettes zu Marius hat etwas von einem Märchen. Man sieht einmal als Höhepunkt der Erotik ihr Knieband, als ein Windstoß ihren Rock hochhebt, das ist alles. Der Gegensatz ist Fantine, Cosettes Mutter, die sich aus Armut prostituieren muss. Jemand

wie der Polizist Javert, der vielleicht der widersprüchlichste Charakter ist, kämpft mit einer großen Klarheit für die Übersichtlichkeit in der Gesellschaft, das Gegenteil eines Zynikers. Das sind eigentlich sehr einfache Figuren, man denkt an Grimms Märchen.

Märchen handeln vom realen Schrecken. Hugo nennt den Schrecken, von dem sein Roman erzählt, im programmatischen Vorwort die »soziale Verdammnis«, den »sozialen Erstickungstod«.
Dieser Schrecken ist überformt durch die Naivität, die der Roman auch hat. Die Naivität macht wahrscheinlich den Erfolg aus, weil jeder etwas darin finden kann, was ihn anspricht. Das Elend muss so aufbereitet sein, dass es unser Wohlgefühl nicht stört. Ich habe die Verfilmung nur zu Hälfte gesehen, dann war es mir doch zu amerikanisch. In einer der größten Szenen des Romans verkauft Fantine aus Armut, um Geld für ihr Kind zu haben, erst ihre Haare und dann ihre Zähne. Sie werden ihr brutal rausgerissen, da denkt man an George Grosz oder an Otto Dix. Im Film sieht man das weichgezeichnete Gesicht ihrer Tochter. Danach hat die Hollywood-Schauspielerin kurze Haare und nicht einmal eine Zahnlücke. Die Grausamkeit, dass Armut in die Leiber schneidet, wollen wir uns lieber nicht antun. Dem Käufer, dem Zuschauer wird nur zugemutet, was er geneigt ist zu sehen. Rimbaud schreibt bissige Satiren über den Zustand, den wir heute erleben, nämlich die Demokratie. Alles ist zu verkaufen, auch das Mitgefühl. Sicher ist es auch ein historischer Fortschritt, dass wir heute mit Schauder wahrnehmen, dass es uns besser geht als den Unterschichtfiguren bei Hugo oder Balzac, jedenfalls in den reichen Ländern. Dieser wohlige Schauder gehört zur Erfolgsgeschichte des Romans.

Baudelaire widmet Hugo in den »Tableaux Parisiens« mehrere Gedichte, die wie ein Echo auf Hugos Paris-Roman klingen: »Wimmelnde Stadt, Stadt die erfüllt von Träumen / Wo das Gespenst bei Tag antritt den Mann!« Ist die Stadt Paris der eigentliche Protagonist des Romans?
Hugos Blick auf Paris hat etwas von Stadtarchäologie. Im Exil in Eng-

land schreibt er über das Paris der 1830er Jahre, das es nicht mehr gibt. Sein Roman ist auch ein Erinnerungshotel. Das neue Paris, das Paris Baron Haussmanns, hat so breite Straßen, dass Aufständische nicht mehr mit Barrikaden ganze Armee-Züge aufhalten können. Das alte Paris hat etwas Mittelalterliches, 1832 sterben 45 000 Menschen in wenigen Tagen an der Cholera. Kurz davor ist der Aufstand der Seidenweber in Lyon. Das sind frühe Kämpfe der Arbeiterbewegung, die Trikolore wird durch die rote Fahne ersetzt. Der Roman zeigt eine Stadtlandschaft. Die Flucht durch die Kanalisation dauert wenige Seiten, davor schreibt Hugo mehr als dreißig Seiten über die Kloaken, das Kanalsystem von Paris, und denkt darüber nach, wie sich die Scheiße als Dünger vermarkten lassen könnte.

Mit seinen Stück »Hernani« sorgt Hugo 1830, also zur Zeit der Romanhandlung, für einen der größten Theaterskandale des 19. Jahrhunderts. Er erlaubt sich in seinem Roman einen guten Witz, wenn der reaktionäre Großvater einer der Hauptfiguren, Marius, sich über die jungen Leute aufregt: »Jeder Hanswurst lässt sich einen Ziegenbart wachsen, glaubt er sei zum Unruhestiften geboren … Eine tolle Welt. Vor einem Jahr lief das ins Theater zu ›Hernani‹: Ich bitte Sie, ›Hernani‹! Knallende Antithesen! Gräuel, die nicht einmal in anständigem Französisch geschrieben waren!« Klingt wie eine gelungene Beschreibung Ihrer Volksbühne samt des Publikums aus der Feder eines begabten »FAZ«-Theaterkritikers.

Das hat eine schöne Selbstironie. Aber genau dieser Großvater von Marius hat auch etwas Dostojewskihaftes, die andere Grundtönung, die Antithese ist bei ihm im inneren Monolog vorhanden. Eigentlich ist er Royalist, aber am Schluss sagt er, natürlich muss die Veränderung sein. Ich habe Spaß an der Arbeit mit den Schauspielern. Gestern habe ich eine Szene mit dem großartigen Wolfgang Michael gearbeitet, wo er den Polizeispitzel Javert spielt. Andreas Döhler als Jean Valjean muss ihm zuhören und kann nichts machen, das ist Folter für jemanden wie Döhler. Dazu klingelt über zwanzig Minuten ein Telefon, das keiner abnimmt. Wolfgang Michael muss bei diesem klingelnden Telefon seine Konzentration, die Klarheit des Gedankens über zwanzig Minuten halten. Sein Monolog hat den Kern, dass er für die Disziplin, die Erhaltung der Ordnung verantwortlich ist, das hat eine große Würde. Für Döhler ist es die Hölle. Er kann sich nicht bewegen. Wenn Javert weg ist, bekommt er vielleicht einen Ausbruch, ähnlich wie früher Bernhard Schütz, der die ganze Bühne auseinandergenommen hat.

Hugo ist ein genialer Vertreter des Serienformats, die Kapitelüberschriften könnten gut bei Tarantino auftauchen.

Der 85-jährige Jürgen Holtz spielt bei Ihnen den Bischof Myriel und auch den Großvater von Marius. An der Volksbühne hatten Sie eine große Liebe zu der älteren, nicht ganz gesunden Schauspielerin Bärbel Bolle. Was fasziniert Sie an älteren Schauspielern?
Das gelebte Leben natürlich. Jemand wie Jürgen Holtz war immer ein politischer Mensch. Deshalb hat er die jungen Kollegen wie Hermann Beyer, Dieter Montag, Michael Gwisdek, Winfried Glatzeder zur Weißglut gebracht, weil er immer Fragen gestellt hat. 1980 war er in Heiner Müllers erster Inszenierung, »Der Auftrag« an der Volksbühne, das Bindeglied zwischen den Schauspielern und Müller. Er war Debuisson, der ständig an die Wände sprang und mit Manierismen spielte, die mir damals nicht gefallen haben, aber die mir in Erinnerung geblieben sind. Weil er kein Sklave ist, hat sein Gesicht nicht die Lüge eines Schauspielers, dahinter ist immer der Mensch sichtbar, und der ist unverwechselbar mit seiner knarzigen Gradlinigkeit. Nicht umsonst hat er mit Adolf Dresen, mit Heiner Müller, mit Einar Schleef, mit Peter Stein, mit allen Leuten, die wichtig waren, gearbeitet.

Peter Stein ist ein gutes Stichwort. Ich möchte Ihnen nicht zu nahe treten, aber kann es sein, dass Sie mit Ihrem Antipoden mehr gemeinsam haben, als Ihnen lieb ist? Sie interessieren sich beide sehr

entschieden für literarische Stoffe, für Geschichte, im Zentrum Ihres Theaters stehen ganz altmodisch Schauspieler und keine Experten des Alltags oder Stadtexkursionen. Damit sind Sie und Peter Stein als alte Reaktionäre ziemlich weit von gängigen Trends entfernt.
Das ist wahr, so ist es. Wir hatten wahrscheinlich immer ein polemisches Verhältnis zueinander, wir hatten manchmal auch eine Nähe. Wenn er kein Regisseur von Format wäre, wenn das nur eine Zuchtanstalt wäre, würden Schauspieler wie Holtz oder Brandauer, den ich auch sehr mag, nicht gerne mit ihm arbeiten. Wir waren im Baltschug Kempinski in Moskau verabredet. Weil ich betrunken war, bin ich zwei Stunden zu spät gekommen und er musste im Hotelfoyer bei der Lektüre der »FAZ« warten. Danach hatten wir wieder ein sehr getrübtes Verhältnis. Seitdem gab es keinen Kontakt mehr. Aber das sind nur äußerliche Eitelkeiten und Missverständnisse. Sie haben völlig recht, die Nähe ist sehr viel deutlicher als die Unterschiede.

Erst recht im Kontrast zu Theaterformen, die vor allem demonstrieren, dass sie dem Medium Theater misstrauen und am liebsten die Mittelschicht-Befindlichkeiten der Darsteller ausstellen.
Das Performative heißt das, glaube ich, bei Frau Professor Lehmann-Brauns.

Weshalb kombinieren Sie »Les Misérables« in Ihrer Inszenierung mit »Drei traurige Tiger« von Guillermo Cabrera Infante, einem kubanischen Roman, der 1958, kurz vor der Revolution in Havanna spielt?
Man liest von einem Kuba zu einer Zeit, als das eine sehr entfernte Insel im Atlantik war. Es ist das Kuba von Batista in seinen Fantasieuniformen, mit seinen Mafiaverbindungen. Schon beim Putsch der relativ sozialreformerischen Sergeanten 1933 lässt sich Batista von Meyer Lansky bestechen. Später, als er in den fünfziger Jahren Kuba regiert, ist das Land das am besten organisierte Mafia-Geschäft der Welt, ein großes Spielcasino mit Bordell-Betrieb. Meyer Lansky baut Hotels

wie das Nacional de Cuba, das immer noch ein sehr schönes Hotel ist. Auch die sozialen Bewegungen mit den paramilitärischen Einheiten der Linken an den Universitäten sind verquickt mit der Mafia. Dann entsteht so eine merkwürdige Pop-Figur wie Fidel Castro, der ungeheuren Erfolg in den großen Illustrierten der USA hat, er ist beliebt. Natürlich dachte jemand wie Meyer Lansky in den ersten Monaten nach der Revolution, dass man sich wieder arrangieren wird. Dann kam die große Überraschung, Castro wirft die Mafia raus. Sicherlich finden später die ganzen militärischen Aktivitäten gegen Castro auch mit Hilfe der Mafia statt.

Könnte man eine Parallele zwischen Batista und Louis-Philippe ziehen, dem Bürgerkönig der Restauration der 1830er Jahre, also der Zeit der Romanhandlung? Zumindest sein schönes Herrschaftsmotto »Bereichert euch« hätte vermutlich auch Batista gefallen.
Ja, sicher. Unter Batista ist Kuba eines der wohlhabendsten Länder Lateinamerikas, auch dank der Mafia und der Prostitution, dem Selbstverkauf. In den 1940er Jahren will er eine progressive Sozialgesetzgebung einführen und verbündet sich zeitweise mit den Kommunisten. Später ist das natürlich nur noch der Frieden der Korruption. 1830 kommt mit Louis-Philippe nach den Großgrundbesitzern das Bürgertum an die Macht. Die Parallelen zu Kuba sind offenkundig. Ludwig Börne schreibt, wenn Louis-Philippe noch zwei Jahre länger an der Regierung bleibt, wird er nicht in der Kathedrale Notre-Dame in Reims, sondern in der Börse begraben werden, und der Erzbischof heißt dann Rothschild. Er garantiert bürgerliche Freiheiten für die Prosperität des neuen Systems mit Versatzstücken der Demokratie wie relativer Pressefreiheit. Auf der anderen Seite muss der vierte Stand unten gehalten werden. Im Interesse der Großbürger wird der Aufstand der Seidenweber wie später der der schlesischen Weber in Deutschland unterdrückt. Zehn Jahre nach dem Erscheinen des Romans von Hugo bricht mit der Pariser Kommune die Revolution aus, sie kann sich nicht so lange halten wie die Revolution in Kuba unter Castro.

Anders als Hugo ist Guillermo Cabrera Infante ein experimenteller Autor, der exzessiv mit der Sprache, mit Bewusstseinsströmen, der Dekonstruktion der Romanform spielt. Hat Sie diese andere Tonlage interessiert?
Man merkt, dass er ein sehr belesener, europäisch gebildeter Autor ist. Der Surrealismus seiner Dichtung treibt durch die Bars und Musikkabaretts im Havanna der 1950er Jahre. Das ist auch heute noch eine bezaubernde Stadt, in der ich sehr gerne bin. Im Hintergrund hört man in dem Roman so ein Grummeln. Die Psychoanalyse kommt zu Wort, der zeitgenössische amerikanische Film ist allgegenwärtig. Die Dekadenz wird triebhaft und ohne Verschämtheit gelebt. Und da war doch noch was im Hintergrund, richtig, da waren ja die Bewaffneten in den Bergen. Einzelne unabhängige Gruppen sind bereits in den Städten aktiv. In diesem Hintergrundgeräusch ist die Zeit weiter, als sie von den Bohemefiguren in den Bars wahrgenommen wird. Das ist der Tanz auf dem Vulkan, aber es ist ein Tanz, den man auskostet.

In den Gesprächen mit Alexander Kluge sagt Heiner Müller, er habe keine Neugierde, sondern Altgierde, eine Gier nach Geschichte. Die haben Sie auch. Ist das wichtig für Ihre Arbeit?
Absolut. 1933 oder 1917 wussten die Menschen nicht, wohin sich ihre Welt entwickeln wird. Wir wissen heute, wie es weiterging. Mit Müllers Altgierde sieht man Entwicklungslinien, man sieht die Lücken der Geschichte, die Knicke, die Verirrungen. Die kann man in unsere Jetztzeit verlängern, die uns auf diese Weise geformt erscheint, selbstverständlich und nicht kontingent. Aber es könnte alles auch ganz leicht ganz anders sein. Vor uns sind viele Staaten und Gesellschaften mehr oder weniger friedlich oder blutig kollabiert, die sich für genauso stabil gehalten haben wie die Bundesrepublik. Das ist ein schöner Gedanke.

Es ist vor allem ein ungemütlicher Gedanke, wenn man ganz gerne in dieser friedlichen Bundesrepublik lebt.
Naja, friedlich. Ich glaube, die meisten Menschen in den reichen Ländern haben eine tief sitzende Daseinsangst. Den eigenen Status quo

zu halten und nicht abzusacken, ist ungeheuer anstrengend. Anderen zu helfen, so etwas wie Solidarität, wird da zum gefährlichen Luxus. In so einer Umgebung kann Theater der Modellfall einer freien Arbeit sein. Es hat die Möglichkeit, dem Einzelnen, der als Schauspieler eigentlich Arbeitnehmer ist, eine Freiheit zu geben, die er im Film, im Fernsehen nicht hat. Aber kaum einer nimmt sich diese Freiheit. Das ist der Unterschied zu einem mit positiver Borniertheit ausgestatteten, selbstbestimmten Menschen wie Jürgen Holtz.

Den Eindruck eines drohenden Hintergrundgeräuschs, vom dem Sie bei Cabrera Infantes Roman sprechen, kann man auch heute haben. Das Selbstgespräch der liberalen Eliten und des Kulturbetriebs läuft auf Hochtouren, vielleicht nicht ganz so lustvoll wie in den Bars von Havanna, während die AfD dafür sorgt, dass sich das Klima verändert.
Das findet schon seit Jahren statt. Die Rechten haben längst die Macht übernommen, die Gewohnheitsmacht, die Hegemonie der Stimmung, den Umgangston in den kleinen Dörfern und Städten. Die Kulturlinke freut sich über geschlechtsneutrale Toiletten und merkt nicht, welche reellen Veränderungen das Land längst prägen. Das war der große, beleidigte Aufschrei in den USA, als man etwas zu spät gemerkt hat, dass die Entwicklung ganz woandershin geht, als die Upper Middle Class und ihre Appendixe in der Presse glaubten. Bei mir spielen Schwarze mit, die ein anderes Bewusstsein von Rassismus haben als ein politisch korrektes Juste Milieu, das stolz darauf ist, inkriminierte Wörter zu vermeiden, als würde das die Gesellschaft besser machen. Abdoul Kader Traoré gehörte zum Abendpersonal der Volksbühne und war Musiker bei Schlingensief. Er hat die Sasportas-Texte von Heiner Müller: »Ich habe gesagt, dass die Sklaven keine Heimat haben. Das ist nicht wahr. Die Heimat der Sklaven ist der Aufstand. [...] Wenn die Lebenden nicht mehr kämpfen können, werden die Toten kämpfen. [...] Der Aufstand der Toten wird der Krieg der Landschaften sein.« Ich finde, das ist ein sehr antizipatorischer Text von Müller. Er sieht deutlich, dass die Gesellschaft in Europa mit ihren Privilegien in Wirklichkeit nur von

außen in Frage gestellt wird. Deshalb ist es auch völlig egal, welche Ansichten wohlmeinende Liberale haben. Politisch korrekte Meinungen dienen nur zur Stabilisierung der eigenen Lebensqualität. Das hat nicht einmal die Kraft, die früher die Kirchen hatten, nämlich tatsächlich zu helfen. Es reicht höchstens noch zum Ablasshandel, um sich im eigenen Wohlstand noch etwas besser und rundum wohlzufühlen. Eine tatsächliche Veränderung dessen, was auf dem Planeten ungerecht ist, kommt sicher nicht aus den Wohlstandsinseln.

Auch Müllers Bild vom »Krieg der Landschaften« ist antizipatorisch. Dank des Klimawandels ist das keine Metapher mehr.
Dann liegt Berlin am Meer, ein neues Vineta. Weil diese Veränderung ein, zwei Generationen dauert, wird die Politik nur zu völlig unzureichenden Gegenmaßnahmen fähig sein, weil die immer den Kapitalverwertungsinteressen im Weg stehen.

Wenn wir schon bei der Apokalypse sind: Wie geht es Ihnen nach dem Ende der Volksbühne jetzt als Regie-Gastarbeiter?
Naja, die Menschen sind alle sehr freundlich zu mir, sehr liebevoll. Vielleicht hängt es mit dem nahenden Tod zusammen, dass sich so eine zwischenmenschliche Milde ausbreitet. Es ist wieder wie in den Anfängen in der DDR, als die Intendanten sagten, einmal im Jahr kannst du bei mir was machen, mehr geht nicht, sonst bringst du den Laden durcheinander. Es sind zu viele Aufträge, dieses Jahr habe ich sechs Inszenierungen gemacht. Aber wenn man wie eine Maschine arbeitet, hat man auch eine gewisse Mitleidlosigkeit mit sich selbst. Eine Maschine denkt auch nicht darüber nach, wie es ihr geht, sie geht höchstens irgendwann kaputt. In der Arbeit kaputtzugehen, ist immer besser, als wenn man zu Hause sitzt und aus dem Fenster schaut und sich eine andere Welt wünscht.

Bei Inszenierungen wie »Tschewengur« in Stuttgart oder »Reise ans Ende der Nacht« in München hatten die meisten Schauspieler zuvor noch nie mit Ihnen gearbeitet. Trotzdem ist beim Zusehen

irritierend, dass viele von ihnen wirken wie Volksbühnenschauspieler. Wie geht das in wenigen Wochen Probenzeit?
Weil sie sich wieder an ihre Naivität erinnern. Das Wichtigste ist, dieses dumme Wort »Fehler« zu vergessen. In der Kunst gibt es keine Fehler. Man muss die Fehler machen wollen, um was Besonderes zu erreichen. Wenn sie diese Angst verlieren, können sie zu etwas kommen, was in ihnen ist und oft durch die Dressur verschüttet wurde. Und irgendwie geht das sehr schnell. Die Dressur, die behauptet, das oder das sei jetzt modern – das ist das Furchtbarste. Das sind Stil-Oberflächen, die keine wirkliche Modernität haben, sondern nur modisch sind. Das ist der Unterschied zwischen Stil und Methode. Es ging Brecht immer um die Methode, die Arbeitsweise. Es gibt Aufnahmen aus den 1950er Jahren, wo man ihn selbst inszenieren sieht. Man merkt, der Mann kommt aus Augsburg, aus dem deutschen Süden, wo Karl Valentin immer in der Nähe ist. Das ist erst später zum pedantischen Modellbuch verkommen. Aber auch das ist immer noch besser als dieses schwammige Performative, von dem keiner weiß, was es denn eigentlich soll. Ich bezweifle auch, dass es denen, die zuschauen, Spaß macht.

Politisch korrekte Meinungen dienen nur zur Stabilisierung der eigenen Lebensqualität.

Wie geht es für Sie nach dem Ende der Volksbühne weiter?
Im Herbst habe ich in Zürich mit Kathi Angerer gearbeitet, die umwerfend war, das war eine schöne, traurige Inszenierung mit leichter Hand. Ich weiß nicht, ob es gut war, aber das Schweizer Publikum hat sich offenbar mit mir abgefunden. Im Januar werde ich in Hamburg mit Charly Hübner arbeiten, mit Marc Hosemann, in der Videotechnik sind Leute von früher dabei. Das ist eigentlich sehr schön. Wir kennen uns durch die gemeinsame Arbeit so lange, das geht weiter, und dann kommen andere dazu. Am Berliner Ensemble ist durch Brecht die Idee des Spiels neu und anders wichtig geworden. Der Satz aus den 1920er Jahren, »Bitte mehr guten Fußball im Theater«, heißt ja, sich mehr um

den Spieler zu kümmern. Das Spiel ist der Kern des Theaters. Mein erstes großes Vorbild war das Berliner Ensemble, in der Zeit von Ruth Berghaus und Einar Schleef. Da bin ich jetzt angelangt. Ich kann mit den Schauspielern anknüpfen an das, was ich selbst erfahren habe und was in Vergessenheit gerät, weil es vielleicht nicht mehr gut zu verkaufen ist. Das ist meine Aufgabe: Das, was ich weiß, weiterzugeben.

Marc Hosemann, Frank Castorf und Kathrin Angerer (2017)
Foto: David Baltzer / bildbuehne.de

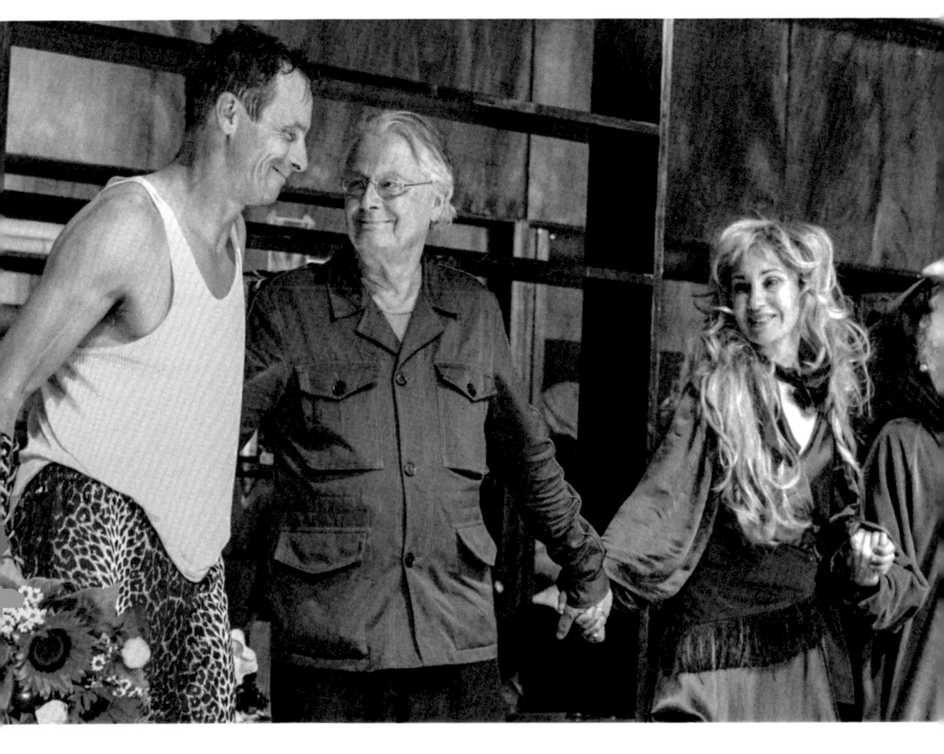

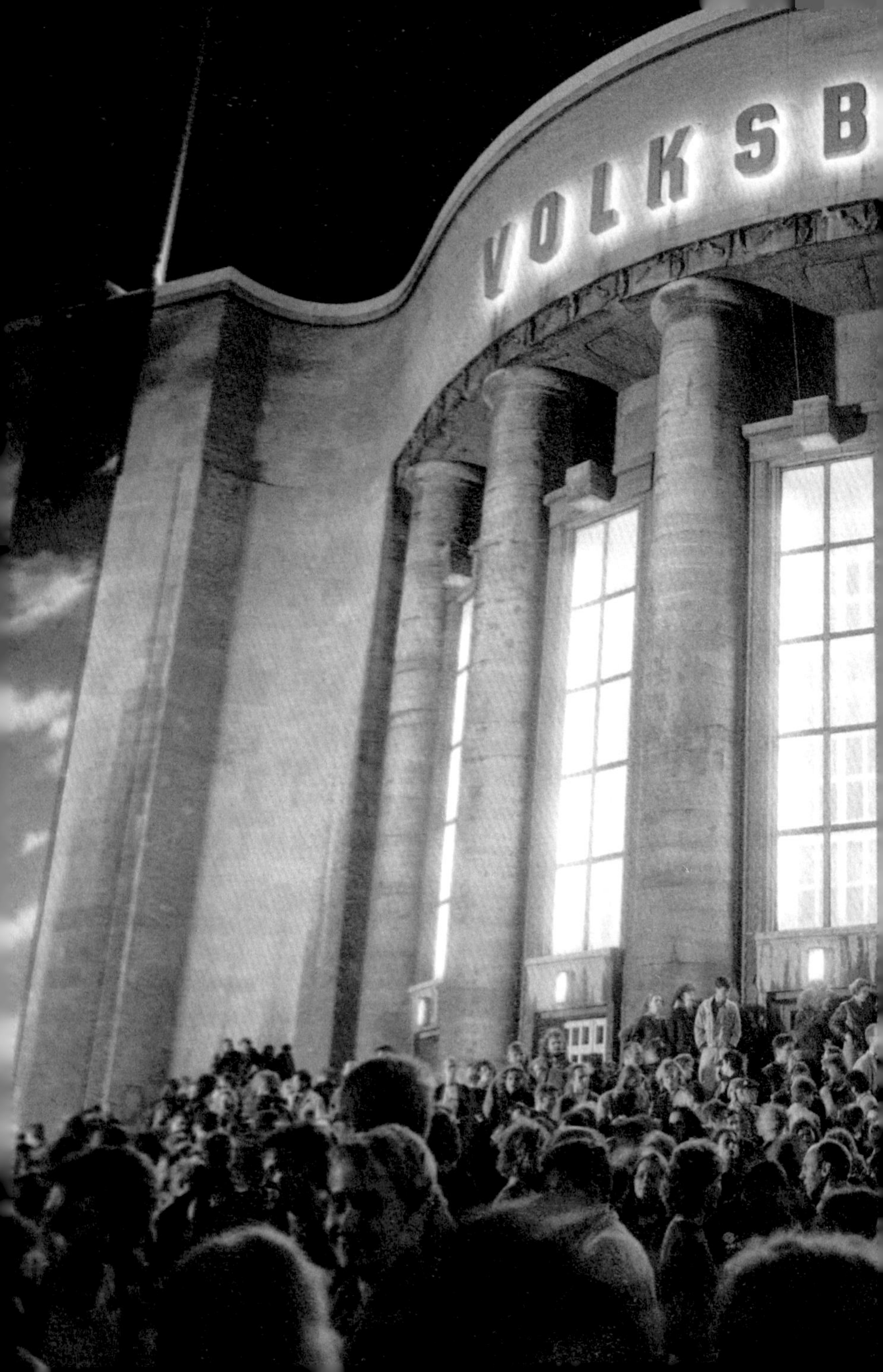
VOLKSB

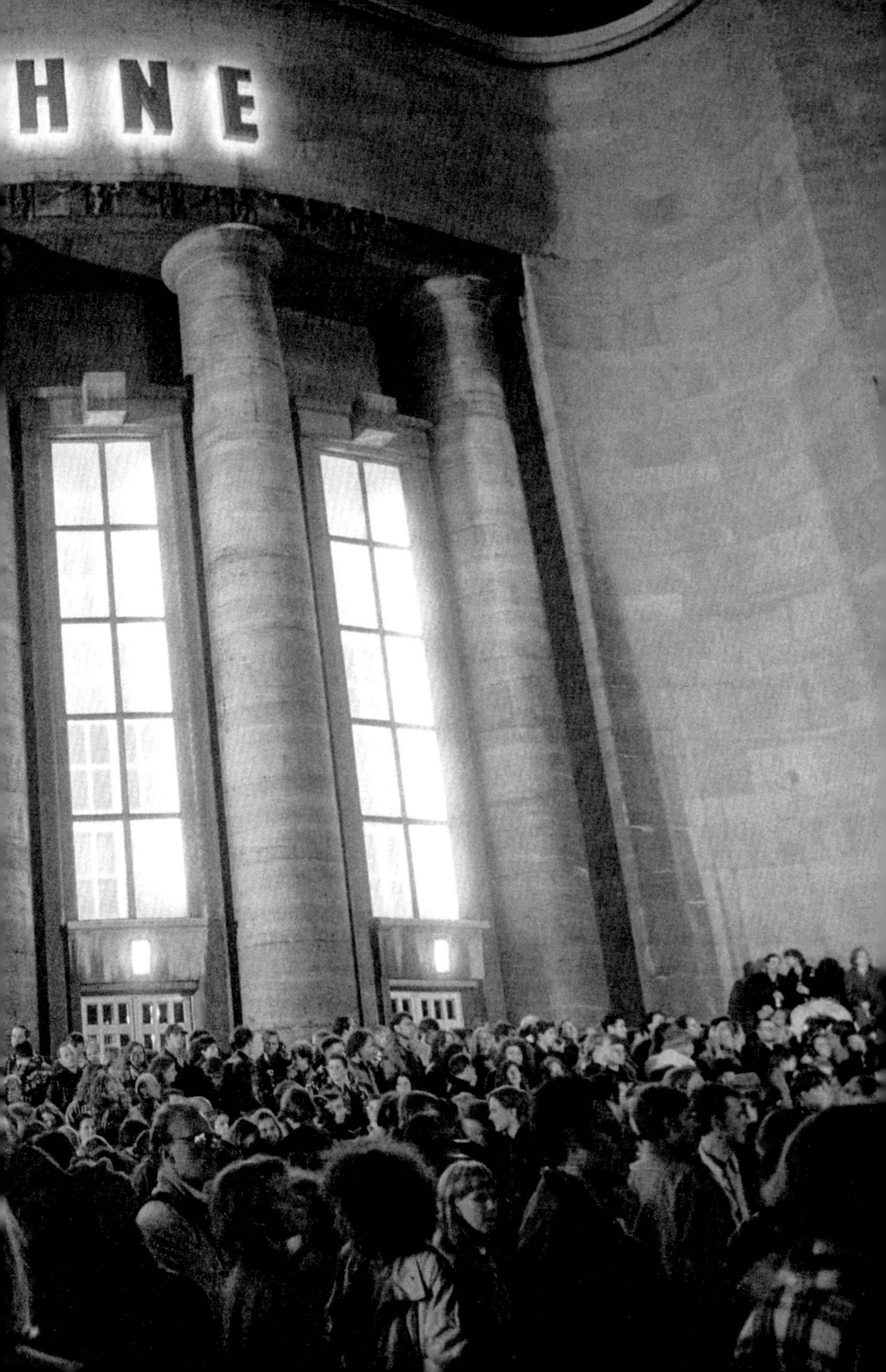
HNE

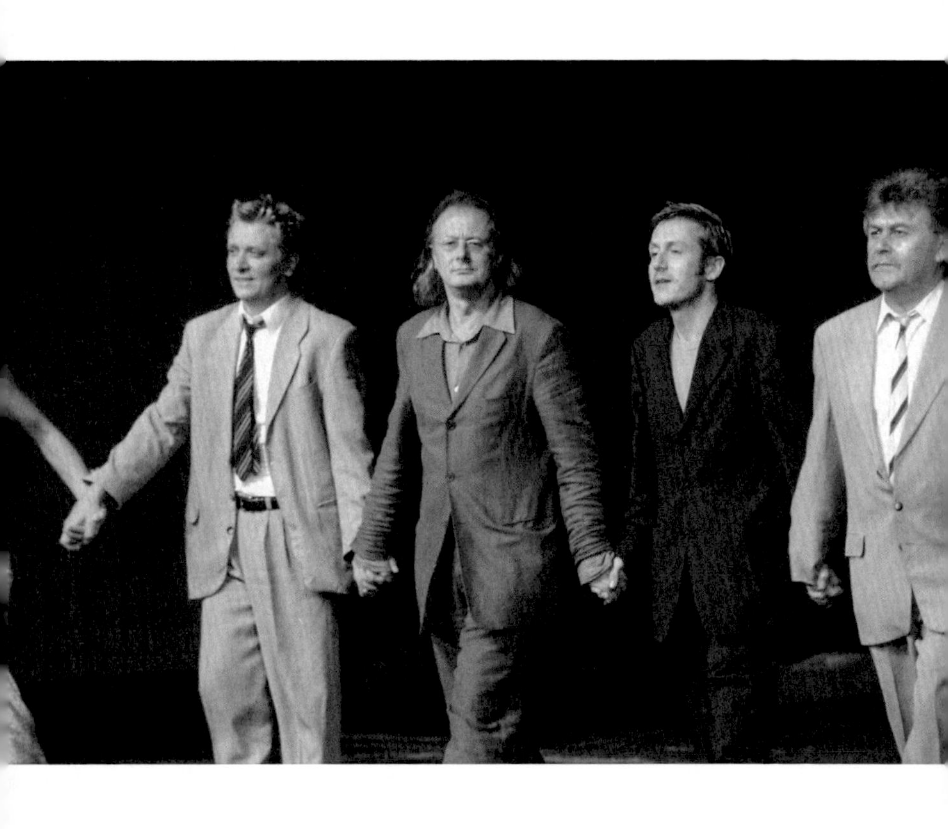

Man geht ab und zu gerne fremd

Anlass des Interviews war die Einladung von Frank Castorfs Hamburger Inszenierung von Brechts »Herr Puntila und sein Knecht Matti« zum Berliner Theatertreffen.
Im vierten Jahr der Castorf-Intendanz an der Volksbühne war Ivan Nagels berühmte Prognose, nach drei Castorf-Jahren sei die Volksbühne tot oder berühmt, eindeutig beantwortet. Schon damals drehte die These, der Erfolg der Volksbühne beweise, dass ihre Ästhetik zur Konvention erstarrt sei, die ersten Wiederholungsschleifen. Das Interview stand für die Beteiligten unter dem Eindruck des Todes von Heiner Müller im Dezember des Vorjahres.

Das Interview wurde im April 1996 geführt.
Die Interviewer waren Rüdiger Schaper und Peter Laudenbach.

Volksbühne Berlin (1994)
Foto: David Baltzer / bildbuehne.de

Henry Hübchen, Frank Castorf, Bert Neumann und Bodo Krämer (1997)
Foto: David Baltzer / bildbuehne.de

Frank Castorf, Sie wurden wie schon im letzten Jahr mit einer Inszenierung aus Hamburg zum Theatertreffen eingeladen, dieses Jahr mit Brechts »Herr Puntila und sein Knecht Matti«, letztes Jahr mit Elfriede Jelineks »Raststätte« – nicht mit einer Berliner Arbeit. Inszenieren Sie als Gastarbeiter in Hamburg besser?
Ich glaube, die Einladung hat einen erzieherischen Hintergrund. Ich soll an der Volksbühne so schönes Theater machen wie Frank Baumbauer [Intendant Deutsches Schauspielhaus Hamburg, 1993–2000] in Hamburg. Aber da ich mich nicht über »Theater heute« oder über das Theatertreffen definiere, sondern über die Arbeit, wie sie mir hier Spaß macht, kann ich damit ganz gut leben. Ich weiß nicht, ob ich in Hamburg anders arbeite als hier. Man geht ab und zu gerne mal fremd. Es erinnert mich an früher. In den Jahren vor der Volksbühne war ich ja lange an sehr verschiedenen Orten. Einen Ort jederzeit verlassen zu können und einen neuen anzuvisieren, hat mir immer Spaß gemacht. Jede Bindung hat auch etwas Beschwerliches.

Vielleicht wird es an der Volksbühne mit ihrer großen Fangemeinde auch zu gemütlich?
Sicher gibt es immer die Gefahr, dass man aus einer bestimmten revolutionären Phase in eine restaurative übergeht oder dass das Ganze einen stark populistischen Zuschnitt bekommt. Nur finde ich ein volles Theater – was mich selbst in dieser Spielzeit eher überrascht hat – nicht nur unerfreulich. Natürlich, manchmal geht dadurch auch eine Intensität verloren. In Hamburg habe ich »Raststätte« von Jelinek aus dem Unterleib heraus auf die Bühne geschossen, das war die Arbeitsmethode eines Maschinengewehrschützen. Wenn man einmal über zweieinhalb Sätze von Jelinek nachdenkt, kann man sich wahrscheinlich nur noch verzweifelt in sein Zimmer zurückziehen, wie es ja wohl dem Herrn Peymann gegangen ist, der sich bloß noch depressiv in seiner Intendantenetage Pornos angeguckt hat, um den ästhetischen Schlüssel zu Frau Jelineks Werk zu finden. Meine Jelinek-Inszenierung gehört sicher nach Berlin, mit ihrer Schnelligkeit und Berliner Rotzigkeit ist das eigentlich eine extreme Volksbühnen-Inszenierung.

Ob mein »Puntila« eine Volksbühnen-Inszenierung ist, wage ich zu bezweifeln. Die Ästhetik ist nicht wirklich neu. Es ist eine sehr liebevolle, verspielte Inszenierung, eine nicht-naturalistische, nicht-folkloristische Interpretation, genauso wie Einar Schleefs »Puntila« am Berliner Ensemble auf der Gegenseite. [Schleefs »Puntila«-Inszenierung hatte im Februar 1995 am BE Premiere]. Natürlich hätten eigentlich beide Inszenierungen zum Theatertreffen gemusst, um zu zeigen, wie man heute mit Brechts ideologischer Folklore, und mehr ist es ja nicht mehr, umgehen kann. Den »Arturo Ui« vom Berliner Ensemble zum Theatertreffen einzuladen [Regie: Heiner Müller, Premiere: 4.6.1995, Hauptrolle: Martin Wuttke], war eine klassische Fehlentscheidung, wenn man mal von Martin Wuttke absieht, der zweifellos grandios ist. Der Rest ist schlimmstes BE-Handwerk der späten sechziger Jahre.

Wenn man einmal über zweieinhalb Sätze von Jelinek nachdenkt, kann man sich nur noch verzweifelt in sein Zimmer zurückziehen.

Es ist erstaunlich, wie heftig Schleefs »Puntila« in den Rezensionen abgelehnt wurde – eigentlich ein Versagen der deutschen Theaterkritik angesichts des Ausnahme-Regisseurs Schleef.

Ich guckte mir die Inszenierung an und freute mich, dass es am BE so ein Ernst-Röhm-Gedenktheater gibt, das finde ich ganz gut. Ich bin nach der zweiten Pause glücklich aus dem Theater gegangen, ich hatte meinen Grundwehrdienst durchaus freudig absolviert und musste mich jetzt den Wehrsportexerzitien nicht weiter unterziehen. Trotzdem, diese Ernsthaftigkeit und Wut, mit der Schleef Sexualität und Macht und Faschistisches umsetzt, finde ich grandios. Wie Jutta Hoffmann von diesen nackten Männern gevögelt wird, wie sie sich individuell gegen diese Masse von Männern verhält, das hat mir schon sehr gefallen. Ich finde es eine außerordentlich wichtige Inszenierung, mit der Berlin aus der Theaterprovinzialität, in der es ja wirklich drinsteckt, rauskommt. Über »Puntila«-

Hamburg und »Puntila«-Schleef kann ich mich noch mal ernsthaft unterhalten. Über irgendwelche normalen, durchschnittlich langweiligen Theaterereignisse nicht mehr. Man müsste es mal ein Jahr lang verbieten, Klassiker zu spielen. Ich kann es nicht mehr sehen – noch mal ein »Käthchen«, noch mal ein »Hamlet« mit ironisierenden Witzchen und diesen ach so lockeren Schauspielern, die sich selbst persiflieren. Das ist so endlos abgelutscht.

Wenn Schleef sich hinstellt und über drei Kasernenhöfe brüllt, »könnt ihr anständig ficken«, ist das beinahe ein Skandal, es hat eine ungeheure Kraft. Bei ihm bekommen bestimmte Dinge wieder eine Bedeutung.

Ich glaube schon, dass er über Herrschaft und Knechtschaft in dieser Inszenierung viel sagt, auch im theaterpolitischen Sinn. Mit Schleef ist der Zustand der deutschen Regie-Schauspielkunst auf den Punkt gebracht: Wie er selbst auf der Bühne dirigiert, wiederholt, zerstört, Menschen malträtiert. Unser linksliberales, basisdemokratisches Darüberhinweghuscheln deckt zu, dass es tatsächlich nur mit ein paar Stars möglich ist, wirklich einen Dialog miteinander zu führen. Die anderen funktionieren bloß. Das bringt Schleef zu einem End- und Höhepunkt. Wie er spielt, wie er sich aussetzt, das hat etwas grandios Anmutiges. Die Inszenierung stört die allgemeine Ruhe, weil hier die Theaterkunst auch mal von Gedanken angekränkelt ist, und das will man nicht mehr. Wenn er brüllt, »kannst du anständig ficken«, kommt etwas sehr Schönes in ihm hoch, das Kindliche. Er ist so froh, wenn jemand darauf reagiert. Dazu gehört etwas sehr Naives. Ich habe auch den Brecht-Satz »kannst du anständig ficken« drin, aber bei mir wird das praktisch weggesprochen, ganz beiläufig. Alles, was ich mache, muss ich auch ironisieren. Das ist eine völlig andere Werthaltung, als Schleef sie hat. Dass man diese beiden Haltungen auf einem nationalen Theaterfestival nicht nebeneinander zulässt, ist einfach dumm.

Leisten Sie am BE Entwicklungshilfe, wenn Sie dort jetzt Heiner Müllers »Auftrag« inszenieren? Es hat ja etwas Komisches, wenn

sich die Häuser immer so ungeheuer um ein eigenes Profil bemühen und dann verwischt sich das plötzlich durch solche Gastinszenierungen.
Die Verwischung ist falsch, das ist gar keine Frage. Es ist sehr wesentlich, dass das BE endlich erkennbar wird, und ob da eine Inszenierung von mir richtig ist, weiß ich nicht. Wir haben damals mit Schleef und Müller über die Konflikte mit Zadek geredet. [Peter Zadek war von 1993 bis 1994 neben Heiner Müller und anderen Co-Intendant des Berliner Ensembles. Einar Schleefs BE-Inszenierung »Wessis in Weimar«, der Zadek Nazi-Ästhetik attestierte, sorgte für heftige Konflikte zwischen Müller und Zadek, in deren Folge Zadek das BE verließ.]
Ich habe versucht, Müller Mut zu machen, dass er eine Entscheidung suchen soll gegen Zadek. Damals haben wir verabredet, dass ich am BE inszeniere. Heiner Müller war für mich als Mensch, als Gesamtkunstwerk wichtig. Die Texte finde ich sehr unterschiedlich, teilweise, wie in »Wolokolamsker Chaussee 1«, auch poststalinistisch. Aber ich mochte Müller sehr. Den Hof, den er um sich gegründet hatte, mochte ich nicht so sehr, die Menschen, die sich da tummelten.

Man müsste es mal ein Jahr lang verbieten, Klassiker zu spielen.

Wie lange kann man eigentlich noch aus dem Fundus einer offenbar doch nicht ganz untergegangenen Gesellschaft schöpfen? Bleibt die DDR-Erfahrung für den Rest des Lebens ein prägender Stoff?
Die Erinnerung an DDR-Wirklichkeit ist für mich eigentlich eine Möglichkeit, authentische Details abzurufen, was auch eine bestimmte Lust, ein bestimmtes Lachen auslösen kann. Es ist immer wieder das Chimärenhafte, dieses Ideendrama. Es war ja tatsächlich der Versuch, Gesellschaft über den Kopf, auch über Utopie zu konstruieren. Die DDR hat für mich etwas ungeheuer Theatralisches. Um meine Phantasie zu mobilisieren, hilft es mir nicht besonders, in die Paris-Bar zu gehen. Was bei mir etwas auslöst, ist zum Beispiel das Stöbern in so al-

ten Schmökern, das können auch welche aus der Nazizeit sein. Das ist, glaube ich, bei Schleef ähnlich, wo die DDR-Vergangenheit und die braune Vergangenheit immer noch präsent sind und Phantasie mobilisieren. Ich habe ja nicht besonders gerne in der DDR gelebt, aber sie hat mir eine Ruhe gelassen, mich in Zeit und Raum zu organisieren – das ist ein Lebens- und ein Weltgefühl, wie es vielleicht auch in den Weiten Nordamerikas funktioniert. Die flächendeckende Oppositionshaltung in der DDR war Asozialität.

Wissen Sie, was der Name Radunski bedeutet? [Peter Radunski, 1996–1999 Senator für Wissenschaft, Forschung und Kultur des Landes Berlin] Wir wissen nicht, ob er existiert, man sieht ihn nie im Theater. Wurde er an der Volksbühne schon einmal gesichtet?
Ich weiß auch nicht, ob er existiert. Doch, wir hatten mal ein ganz kurzes Gespräch miteinander in der Intendantenrunde, wo wir alle protestiert haben gegen die pauschalen Minderleistungen, das Kürzen mit dem Rasenmäher. Es gibt einen wirklich großen deutschen Theaterkünstler, Herrn Friedrich von der Deutschen Oper [Götz Friedrich, 1981–2000 Intendant der Deutschen Oper Berlin], der den Vorschlag gemacht hat, dass sein Haus weiterlebt und dafür andere, unbedeutendere Bühnen geschlossen werden. Ein echtes Diskussionsangebot. Das sagt eigentlich alles über die derzeitige kulturpolitische Situation. Radunski? Ob er sich unter Kultur viel vorstellen kann, weiß ich nicht. Er versteht sicher viel von Weinkultur. Aber er ist mir immer noch lieber als irgendwelche verhärmten SPD-Funktionäre. Mich interessiert Kulturpolitik nicht.

Aber die Finanzkrise kann auch die Volksbühne bedrohen.
Sicher. Man muss die Macht der Gewerkschaften und das Tarifsystem an den Bühnen zerschlagen und den jeweiligen Leitern die Möglichkeit geben, ihr Haus nach den künstlerischen Bedürfnissen zu strukturieren. Ich könnte an der Volksbühne mit dem halben Etat sehr gut auskommen, wenn ich das Haus anders organisieren könnte. Der Geldmangel ist für andere Häuser sicher ein größeres Problem als für uns. Ich kann mir auch vorstellen, zwei Jahre auf einer leeren Bühne zu

spielen – und die Zuschauer werden uns nicht gleich weglaufen. In der Deutschen Oper, zwei Jahre ohne die dekorative Ästhetik, wird es sicherlich schwer werden. Das andere ist: Kunst muss etwas Außergewöhnliches, etwas Besonderes sein, und das ist für mich zum Beispiel jemand wie Schleef. Dieses Hinwegdümpeln in kleinbürgerlichen Bestätigungsmechanismen ist grauenvoll. Das ist der Untergang. Ich glaube einfach, dass Theater ein notwendiger Luxus ist. Aber wenn irgendwann alle meinen, dass man das Theater abschaffen kann, soll man das tun. Ich konnte mich auch über die Schiller-Theater-Schließung nicht besonders aufregen. Wie soll ich heute jemandem, der 1400 Mark netto hat und sich nicht für Theater interessiert, erzählen, dass eine Theaterschließung ein leidvoller Schnitt, eine große katastrophale Tragödie sein soll? Wer interessiert sich dafür?

Wer würde sich dafür interessieren, wenn die Volksbühne irgendwann geschlossen würde?
Ach, gar keiner. Es ist wichtig, in der Zeit, die man hat, zu leben und zu kämpfen. Wenn's irgendwann nicht mehr geht, muss man nicht selbstmitleidig und narzisstisch rumjammern.

Heiner Müller war für mich als Mensch, als Gesamtkunstwerk wichtig.

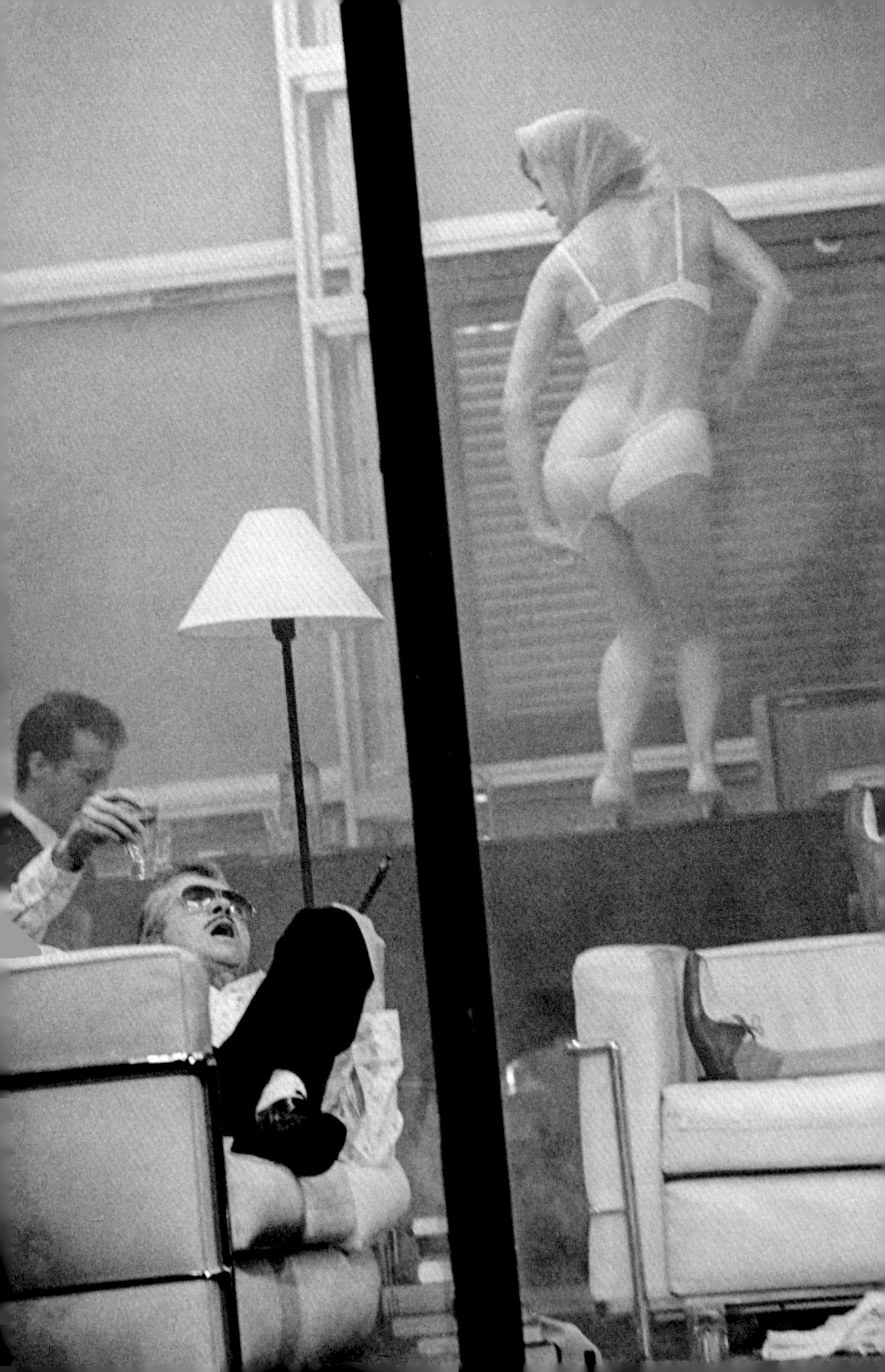

Der Krieg jeder gegen jeden

Das Interview fand im Mai 1999 statt, am Tag nach der Premiere von Castorfs Inszenierung »Dämonen« nach dem Roman von Dostojewski.

Sir Henry, Henry Hübchen und Astrid Meyerfeldt in »Dämonen« (1999)
Foto: Thomas Aurin

Ist die Inszenierung des Dostojewski-Romans »Dämonen«, Ihre Hommage an die Weiten Sibiriens, ein indirekter Kommentar zum Krieg in Jugoslawien?
Na ja, das Thema ist eher der Krieg jeder gegen jeden. Natürlich geht es um die Angst vor dem Einbrechen der westeuropäischen Dekadenz. Populär ist das, was die Dämonen sind, Dr. Mabuse. Es muss diese Gesellschaft in ihrem Sexualhaushalt, in ihrem politischen, ökonomischen Haushalt überführt werden in einen permanenten Krieg in allen Abteilungen des gesellschaftlichen Lebens. Erst nach dieser extremen Auflösung kann man das Glück finden. Das ist eine Perspektive, vor der Dostojewski warnt. Der Einzige, der das im Roman übersteht, ist der Westler Werchowenski. Am Ende steht er im weißen Anzug am Bahnhof und fährt in die Schweiz, in den Westen. Alle anderen sind tot oder wahnsinnig. Dostojewski ist interessant für mich als Ostler, dem die Ostalgie nicht mehr reicht. Mit der DDR kann ich sie nicht mehr befriedigen, also muss die Droge stärker sein, und die findet man in Osteuropa. Ich habe das Gefühl, dass der Krieg der Nato in Jugoslawien ein Krieg um die russische Westgrenze ist. Es ist letztlich die Frage, welche Möglichkeiten dieser Gewaltkomplex Liberalismus-Demokratie-Nato hat, sehr weit nach Osten vorzudringen, bis nach Peking.

Es wäre ja nicht so schlimm, wenn die Demokratie nach Moskau oder Peking vordringen würde.
Westliche Demokratien sind Gesellschaften, wo wir durch viele Absicherungsmechanismen, durch das tägliche Einnehmen der Schmerztablette relativ gut leben.

Wir sind in dieser Gesellschaft etwas Totes geworden.

Ist doch nicht schlecht, gut zu leben.
Wenn es denn gut wäre. Wir merken ja das Unglück. Das Medium Fernsehen zum Beispiel hat in den letzten fünfzehn Jahren nicht nur unser

Rezeptionsverhalten verändert, sondern auch extrem unsere zwischenmenschlichen Beziehungen beeinflusst. Was übrig bleibt, ist diese Art der schnellen Zuordnung in die allgemeine Erzählgemeinde, in Übereinstimmung, wo es kaum noch die Frage nach sozialer Erdung gibt, nur noch ein Simulationskontinuum.

Das Aufbrechen dieses Simulationskontinuums ist Christoph Schlingensiefs Projekt.
Weiß ich nicht. Es ist die Frage, ob die sozialen und politischen Kategorien verbraucht sind oder ob man sie neu definieren muss. Wir sind in dieser Gesellschaft etwas Totes geworden, etwas, was nur noch reagiert. Ich würde den Zustand, in dem ich mich befinde, als einen nicht glücklichen bezeichnen, und so geht es vielen. Denen es anders geht, denen es wirklich dreckig geht, die werden ja nur noch als das Fremde, das Asoziale wahrgenommen, das wir aus unserem Kommunikationsrahmen heraushalten. Berlin nähert sich vorsichtig, mit einem großen Reichtum, dem Zustand in Rio, in New York, in São Paulo an, dem Abbruch jeder Form von Grenzübergang. Die Zäune sind undurchlässig. Die Menschen, die in den Favelas leben, kommunizieren nicht mehr mit der Gesellschaft. In einer hochzivilisierten Insel wie zum Beispiel São Paulo ist die soziale Frage aufgegeben, keiner glaubt mehr an ihre politische Lösbarkeit. Die Marginalisierten sind nicht mehr Randgruppen, das ist die Mehrheit in São Paulo. Das gehört nicht mehr in unseren liberalen demokratischen Kommunikationsrahmen. Also muss man die sozialen Fragen wirklich neu stellen, wenn wir über Menschenrechte reden. Die Menschenrechte zu leben, ein Dach überm Kopf zu haben, zu arbeiten, das wird in der freien Welt, in der wir leben, permanent außer Kraft gesetzt. Das macht die Bombenangriffe im Namen der Menschenrechte so widerlich.

Das Elend in den Slums kann die Verbrechen Miloševićs nicht relativieren.
Ich glaube, dass europäische Politik nur noch als Popanz Amerikas vorhanden ist. Wenn die Amerikaner in Europa einen Krieg führen, ha-

ben sie andere Interessen als die Menschenrechte. Sie haben auch ein Interesse daran, ihre Rüstungsindustrie am Leben zu halten, deshalb brauchen sie alle zehn Jahre einen Krieg. Der Krieg in Europa schwächt den Euro und stärkt den Dollar, ganz einfach. Meiner Meinung nach haben wir schlicht keine Interessen auf dem Balkan. Die Menschenrechte sind in den Flüchtlingslagern außer Kraft gesetzt. Das ist ein ganz einfaches physikalisches Gesetz: Ich werfe auf etwas Bomben und der Druck entweicht. Wenn die serbische Armee diesen hohen Grad von Grausamkeit hat, wird das durch die Bombardierungen der Nato radikalisiert. Durch die Bomben wurden die Kosovo-Albaner zu Geiseln der Tschetniks. Militärisch ist diese ganze Aktion eine einzige Katastrophe.

Was tun?
Wenn man von oben bombt, muss man zeitgleich Bodentruppen landen lassen. Es ist gefährlich, das Amselfeld loszulösen aus Jugoslawien, aber wenn ich der Meinung bin, Menschenrechte werden dort massiv verletzt, muss ich bereit sein, auch unterhalb einer Flughöhe von viertausend Metern zu kämpfen. Diese feigen Alibis der Tarnkappenbomber-Ideologie sind einfach beleidigend. Die Linken haben die Moral in dieser Gesellschaft gepachtet. Das tut den Vorstandsgrößen der Deutschen Bank überhaupt nicht weh, wenn Joschka Fischer die Moral verwalten kann, weil sie ungestört wie noch nie die sozialen, politischen, ökonomischen Gegebenheiten dieser Gesellschaft durchstrukturieren. Es gibt ein ökonomisches Interesse, Abhängigkeiten bis weit hinter den Ural zu schaffen. Was stattfindet, ist der Kampf, Russland zur Regionalmacht zu degradieren. Dann kann der kleine Joschka seine Moral verteidigen. Dieser Krieg macht Milošević zu einer heroischen Größe, die verklärt und mystifiziert wird. Es gibt keine serbische Opposition mehr, das haben wir geschafft. Es sind so viele Menschen auf der Flucht wie noch nie in diesem Krieg. Es werden Menschen in ein grenzenloses, zeitloses, heimatloses Leid gebracht.

Nicht durch die Nato.
Durch die Nato. Die Luftangriffe haben die Serben radikalisiert.

Also sollen wir einen kleinen Völkermord akzeptieren, um keinen großen Völkermord zu provozieren?
Entweder ich führe einen Krieg mit Entschlossenheit, und das heißt Bodentruppen, oder ich halte mich raus. Menschenrechtsverletzung passiert jeden Tag am Hamburger Bahnhof, wenn Zwölfjährige für Geld ihren Hintern hinhalten müssen, und wir tun nichts.

Die Linken haben die Moral in dieser Gesellschaft gepachtet.

Man könnte ja den Bahnhof bombardieren, um diese Menschenrechtsverletzung zu stoppen. Sie vergleichen alles mit allem. Das Elend der Deklassierten hier ist kein Argument gegen Militäreinsätze, die die Massaker der jugoslawischen Armee stoppen sollen.
Wir könnten die Armen in unserer Gesellschaft schützen, und wir tun es nicht. Wir sind nicht mehr bereit, mit dem Fremden in unserer Gesellschaft zu kommunizieren. Eine Gesellschaft, die dabei einfach zusieht und im Namen der Menschenrechte einen souveränen Staat bombardiert, ist ekelhaft. Welche moralischen Wertigkeiten haben die, die in den 1960er Jahren die Welt verändern wollten und jetzt einen großen Kultur- und Moralblock bilden, die Fischers und Peymanns? Peymann sitzt in seinem großen Theater und denkt sich in eins mit dem Bundeskanzler. Ich kann diesen Leuten nichts glauben. Das hat mit Besessenheit, mit Dämonen zu tun. Das hat mit etwas zu tun, das ich früher furchtbar fand, den Begriff der Obsession. Jetzt geht es mir tatsächlich so, die Obsessionen nicht zu unterschätzen, zu glauben, nicht zu wissen, weil die Kategorie der Wahrheit verkommen ist in diesem Informationsfetischismus. Vom Krieg sehen wir Bilder, Bilder, Bilder, immer nur die Wiederholung eines Bildes, bis es scheinbar zur historischen Wahrheit gerinnt. Das ist für mich die Lüge, weil es die Auflösung von Differenziertheit bedeutet, von eigener Haltung. Ich glaube nichts, wenn ich diese Politik betrachte. Ich gebe ihnen keine Zustimmung zu den Kriegskrediten. Ich glaube Joschka Fischer und Herrn

Schröder nicht. Ich glaube zum Beispiel dem Kämpfer Helmut Kohl, der mit Kraft auf den Eierwerfer in Halle zustürmt und sich mit ihm prügeln will. Ich verachte jemanden, der früher Steine geworfen hat und jetzt eine Strafanzeige stellt, weil er einen Farbbeutel abbekommen hat. Ich glaube seinen Tränen nicht.

Das Gegenteil von Fischers Realpolitik formulieren Dostojewskis Figuren, die die seltsamen Utopien entwerfen, z. B. für eine bessere Gesellschaft erstmal hundert Millionen zu ermorden. Da wird mir Fischer wieder sympathisch.
Wenn bei Dostojewski dieser Schigaljow sagt, wir müssen alle Eliten umbringen, um die egalitäre Gesellschaft zu erreichen, ist das eine Vorwegnahme des 20. Jahrhunderts. Ich surfe von 1999 in die 1970er Jahre, Pol Pot hat's getan. Das ist der Kassandrablick Dostojewskis, der einzelne Menschen Gedanken aussprechen lässt, die in der intellektuellen Debatte vorkamen, aber noch nicht den Schatten einer Praxis hatten. Wenige Jahrzehnte später ist das Realität.

Ist Ihre Inszenierung auch ein Statement gegen die aufgeklärte westliche Moderne?
Natürlich bin ich auf der Seite des Archaischen. Coca-Cola, der Westen, die Nato, die Weltbank haben den Ostblock mit Lust aufgelöst, die Zerstörung eines ganzen Systems, auch von Werten, z. B. der Lust, Heiducke zu sein, Knoblauch zu essen, zu trinken, und sicher ein sehr kompliziertes Verhältnis zu Gewalt und Sexualität. Dostojewskis Roman ist ein antiaufklärerisches Werk. Er sagt, wir müssen die Dämonen, die wir in uns haben, austreiben, wir müssen die Dämonen in die Säue jagen, dann werden die Säue wahnsinnig und ertrinken, und wir sind befreit. Letztlich ist das gefährliche dieses Alles-ist-möglich, dieses westeuropäische anything goes, der Liberalismus, der Nihilismus, wir müssen ihn zerstören, damit wir wieder eine Würde haben, damit wir zu Figuren werden, die das sind, was Russlands Stärke immer ausgemacht hat …

... das bäuerliche Russland, eine ziemlich konservative Utopie. Rückwärtsgewandt, von der Hände Arbeit leben. Mich interessiert die Differenz zwischen verschiedenen Zeitebenen, verschiedenen Arten von historischem Bewusstsein. Bei uns auf der Bühne, dieses Haus, das da liegt, das sieht so amerikanisch aus, gleichzeitig ist es offenbar die russische Tundra. Die Figuren hängen da alle auf einem Haufen. Sie sind Erde, extremst, wie sie gegen- und miteinander denken, sie haben die Teufel in sich und sie versuchen sie auszutreiben, sie werden nicht glücklich. Sie haben den Schatten des Todes immer bei sich und trotzdem haben sie eine wahnsinnige Vitalität, die uns aus dem Westen immer wieder anrührt, wenn wir in Russland sind, wissend, dass wir das nie erreichen werden, das ist das Fremde, das Andere.

Mich interessiert die Differenz zwischen verschiedenen Zeitebenen, verschiedenen Arten von historischem Bewusstsein.

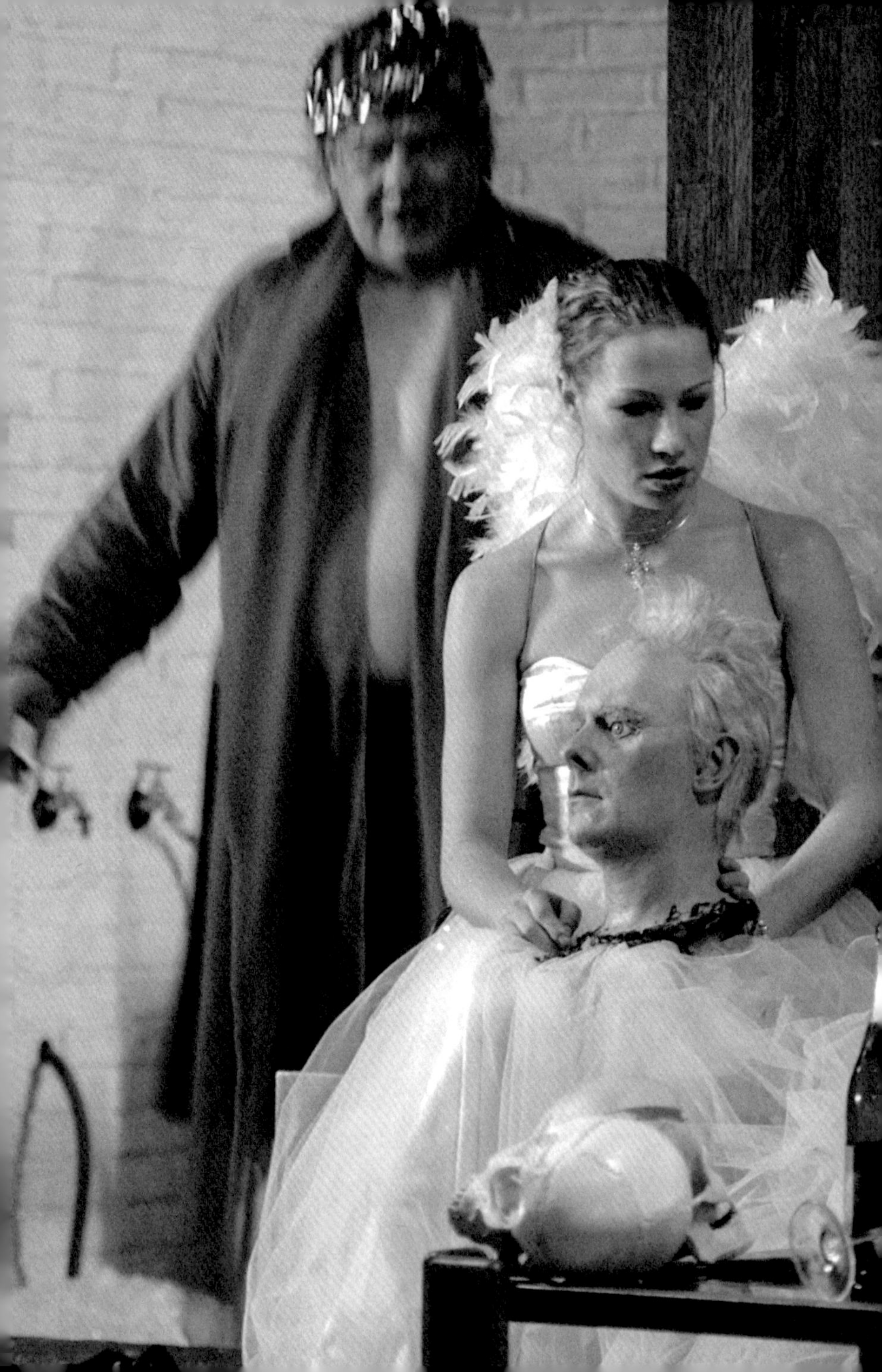

Psychoanalytischer Pop

Das Interview fand im Vorfeld von Frank Castors Inszenierung »Schneekönigin« nach Texten aus H. C. Andersens »Schneekönigin« im Dezember 2004 statt. Zum Zeitpunkt des Interviews war der Schriftsteller Christoph Hein als möglicher Intendant des Deutschen Theaters in Berlin im Gespräch, was in Teilen der Presse, aber auch im Ensemble des Theaters auf heftige Kritik stieß. Hein wurde nicht berufen, die Intendanz von Bernd Wilms wurde verlängert.

Volker Spengler und Birgit Minichmayr mit dem Kopf von Herbert Fritsch in »Meine Schneekönigin« (2004)
Foto: David Baltzer / bildbuehne.de

Amüsieren Sie als bekennenden Ostler die Ost-West-Animositäten um die Berufung Christoph Heins ans Deutsche Theater?
Ich finde das Ost-West-Gerede etwas bigott. Die Selbstverständlichkeit, mit der seit Jahren Provinzlösungen nach Berlin kommen und hier Theater übernehmen, die prominent waren, ist ein bisschen unangenehm. Was will jemand, den man in Wien [BE-Intendant Claus Peymann war 1986–1999 Intendant des Wiener Burgtheaters] oder in Ulm [der DT-Intendant Wilms war 1991–1994 Intendant am Theater Ulm] nicht mehr haben will, ausgerechnet in Berlin? Ich habe ja nichts dagegen, jetzt ist das BE eine erfolgreiche Ku'damm-Komödie am Schiffbauerdamm, dagegen ist ja nichts zu sagen. Kulturpolitisch offensiv ist das nicht in einer Stadt, die tatsächlich brennt, und sie wird noch mehr brennen. Ich finde es gut, wenn diese Routine durchbrochen wird mit einem Intellektuellen aus dem Osten. Mich wundert ja, dass sich Christoph Hein das überhaupt zumutet am Deutschen Theater.

Irritiert es Sie, dass diese Ost-West-Gereiztheiten wieder so deutlich werden, fünfzehn Jahre nach der Wiedervereinigung?
Der Osten hat sich beleidigt eingebunkert. Jetzt haben alle schlechte Laune und heruntergezogene Mundwinkel. Demnächst haben wir dann noch eine Kanzlerin, die genauso aussieht wie der gesamte Osten. Für mich waren das bis 1989 gut trainierte amerikanische Streikbrecher. Die ostdeutsche Seele hat jede Solidarität aufgegeben, war aber bereit, für jede Banane sofort hart zu arbeiten. Die Ostdeutschen waren nicht sehr solidarisch, als es zum Beispiel darum gegangen wäre, die Polen zu unterstützen mit Solidarność. Da waren Politbüro und Arbeiterklasse und Kleinbürgertum sofort einer Meinung: Der Pole ist a priori faul. Da bin ich kein Ostler.

Ist der Kulturkampf um die mögliche Berufung eines ostdeutschen Intendanten ans Deutsche Theater nichts als eine Feuilleton-Seifenblase?
Nein, da wird schon was sichtbar. Nach fünfzehn Jahren der Einheit merkt man, dass man keine großen Leidenschaften füreinander hat.

Der federführende Klassizist im Feuilleton der »FAZ« [der damals einflussreiche Theaterkritiker Gerhard Stadelmaier] möchte eigentlich gerne die Inquisition wieder einführen: Das Theater muss für die wenigen, die überhaupt noch reingehen, reinrassig gerettet werden, das ist für ihn gar keine Frage. Herr Stadelmaier will den Limes neu bauen, gegen den Schmutz des Populären und die ständige Subversion der künstlerischen Intellektuellen. Das ist ein Kulturkampf, nicht zwischen Ost und West, sondern zwischen Neoklassizisten und den wie auch immer missratenen Kindern der Moderne. Er will beim Schreiben Politik machen, das ist vielleicht ein bisschen vermessen, und Detlef Friedrich [Theaterredakteur der »Berliner Zeitung«] will das auch. Ich habe ja nichts dagegen, das ist alles original wie bei Professor Kurt Hager vom ZK der SED. [Im Politbüro der SED war Hager u. a. für Kulturpolitik zuständig.] Es ist nur etwas albern. Was Christoph Hein angeht: Für mich ist er ein Konservativer, das ist in Ordnung, das hat nichts mit Konventionen zu tun. Ein Roman wie »Der fremde Freund« ist für mich modern, wie ein Bild von Edward Hopper. Die Hoffnung ist, dass er diesen Theaterbetrieb mit extremen Infragestellungen radikalisiert und intellektualisiert. Wenn er das nicht schafft, wird es ganz schwer. Die Trägheit des Apparats ist tödlich, die zieht das Theater in die Konventionen der DDR.

Der Osten hat sich beleidigt eingebunkert.

Was interessiert einen Zyniker wie Frank Castorf an den Märchen von H. C. Andersen?

Es gab in Kopenhagen das geflügelte Wort über Andersen: »Unser im Ausland sehr beliebter Orang-Utan.« Und natürlich war er wie so ein wildes Kind, eine Kaspar-Hauser-Figur. Der Großvater verrückt, die Tante Bordellbesitzerin, die Mutter Trinkerin, der Vater mit einem Hang zum Wahnsinn. Der Großvater schnitzt Tierfiguren mit Menschenköpfen. Heute würde uns das wahrscheinlich sehr gefallen, weil wir durch die Moderne einen anderen Begriff von Schönheit haben, damals war das Teufelszeug von Verrückten. Als Vierzehnjähriger ist Andersen durchgebrannt nach Kopenhagen, er wollte ans Theater. Natürlich sind die Märchen alle autobiografisch. »Die schönsten Märchen schreibt die Wirklichkeit selbst«, sagt Andersen. Eigentlich ist das tiefenpsychologisch zu lesen. Fast jedes Märchen ist sexuell grundiert.

Samt seiner verleugneten Homosexualität im getarnten Selbstporträt als Schwan im Ententeich oder als kleine Meerjungfrau, die den Geliebten nicht erreichen kann.
Merkwürdig zu lesen sind seine Tagebücher, wenn er Anfang der 1940er Jahre schreibt, wie er in Paris im Bordell sitzt. Er zahlt fünf Francs, die Mädels ziehen sich aus, und er versichert im Tagebuch für die Nachwelt, er hätte nichts getan außer sie zu betrachten. Als er in Berlin ist, schwärmt er von den Berliner Buben in ihren Uniformen und schreibt eine Hymne über einen großen preußischen Kerl. Die verschüttete Homosexualität, die er nicht ausleben kann, sonst wäre der Absturz vorprogrammiert gewesen, wird da sichtbar, und eine pädophile Ader, die er sicher hatte. In seinen Tagebüchern schreibt er, »mein Blut ist in so einer furchtbar sinnlichen Wallung«, und dahinter macht er dann immer ein Kreuz, das ist dann ein Zeichen für Masturbation. Dafür, dass er seine Sexualität anders ausgelebt hätte, gibt es keine Belege oder Dokumente. Diese Märchen zu schreiben, war für Andersen zweifellos ein therapeutischer Akt.

Fast jedes Märchen ist sexuell grundiert.

Kommen Andersens Spiele der Verdrängung und Camouflage der eigenen Homosexualität in Ihrer Inszenierung vor?
Es gibt ein kurzes Märchen vom eitlen Kragen, der von einem Plätteisen gebügelt wird. Volker Spengler ist das Bügeleisen, er sitzt dann auf dem Po von Herbert Fritsch und bügelt ihm den nassen Po. Es tut ein bisschen weh, aber es tut ja auch sehr angenehm weh und Volker sagt: »Ich habe schon so manchen Kragen gebügelt.« Das ist original Ander-

sen. Da kann man ja vieles denken, wenn so ein eitler Kragen ordentlich gebügelt wird. Andersen verbirgt seine Sexualität, gleichzeitig berauscht er sich öffentlich an sich selbst. Er kommt völlig unbekannt aus seinem Provinzkaff nach Kopenhagen in die Oper, wo die ganzen Berühmtheiten, Sänger und Bohemiens versammelt sind, und deklamiert eine halbe Stunde Texte von und nach Shakespeare. Er war gierig danach, zur öffentlichen Figur zu werden, er kommt mir aber auch vor wie jemand, der ein sehr ironisches Leben geführt hat.

Eigentlich ein früher Popstar, ein Michael Jackson des 19. Jahrhunderts?

Ja, absolut, das ist Pop. Je älter er wird, desto mehr rettet er sich in die Regression. Damit macht er sich auch unangreifbar. Andersen war der meistgereiste Schriftsteller des 19. Jahrhunderts. Aus Angst vor Hotelbränden hatte er immer ein zwanzig Meter langes Seil bei sich, um sich abseilen zu können. Er ist ein furchtbarer Hypochonder, er ist Mister Zahnweh, Mister Verdauungsschwierigkeiten, der Penis tut ihm dauernd weh. Ein absoluter Narziss, der sich ständig selbst beobachtet, immer ängstlich. Gleichzeitig fährt er in den 1940er Jahren über Italien und Griechenland nach Konstantinopel. Er durchquert Sümpfe und übersteht Schneestürme. Wenn man die Tagebücher liest, die Kriege, die Revolution 1848, das kommt nicht vor. Heine schreibt über ihn, das ist ein Dichter, den die Fürsten lieben. Kaum hatte er eine Visitenkarte auch nur erspäht, war er schon beim Empfang irgendeines Adligen oder Königs. Er war gierig danach, Könige kennen zu lernen, an Hofempfängen teilzunehmen. Diese Gier nach Prominenz ist eine Pop-Strategie. Gleichzeitig sind die Märchen grausam. Es gibt in ihnen so viele Menschen, die nicht gelebt haben, die keine Chance hatten, die nicht zueinanderkommen. Sie sterben im Schneesturm, in der Kälte, weil sie nicht in der Lage sind, ihre Liebe zu artikulieren. Die Eisprinzessin geht in einem Tod unter, der nicht grell und melodramatisch ist, sondern einfach traurig. Es bekommt eine Form von Melancholie. Menschen verenden als Menschen, als Licht, und zurück bleibt die tote Hülle.

Klingt nicht gerade nach einem idyllischen Weihnachtsmärchen.
Überhaupt nicht. Je mehr ich mich in die Märchen und Tagebücher eingelesen habe, desto moderner kommt mir Andersen vor. Jemand, der ständig über sich schreibt und gleichzeitig Spuren verwischt, falsche Fährten legt, sich stilisiert, sich selbst beobachtet. Das ist pure Pop-Literatur. Andersen war ein Gesamtkunstwerk, er hat gemalt, er war Musiker, er hat ungemein filigran ganz merkwürdig mystische Scherenschnitte angefertigt, die sehr nach Dämonen aussehen, er war Tänzer, er ist im Theater aufgetreten. Als würde er sich mit der Flucht in die Kunst auf eine Neverland-Farm vor der Wirklichkeit retten. Das ist nicht frei von Bedrängnis. Das Spannendste an Andersen sind die Tagebücher, die in Wirklichkeit für die Öffentlichkeit, für die Nachwelt geschrieben sind, reine Selbstzensur. Da interessiert mich dann de Sade, die Selbstzerstörung, der im Gefängnis gemästete Fleischberg, der Masochismus in seinem Leben, die schonungsloseste Offenheit. Damit widersprechen sich de Sade und Andersen diametral. Bei Andersen, der zweifellos auch eine psychopathogene Veranlagung hatte, ist das Biedermeierliche drübergelegt, lauter Masken und Übermalungen. Der Kontrapunkt dazu ist das Eruptive, das Modern-Mondäne de Sades. Vielleicht wäre Andersen manchmal gerne wie de Sade gewesen.

Sie montieren de Sade in Andersens Märchenwelt?
Ja. Das alles ist ein Trip für mich, merkwürdig psychedelisch. Bert Neumann hat einen David-Lynch-Keller gebaut. Hinter den Holzvertäfelungen tauchen plötzlich Andersens Dämonen auf. Plötzlich bin ich woanders, im Traum oder in Rauschzuständen. Man sieht die Eisprinzessin Spassova mit zwei nackten Männern, die sich lieber mit ihren eigenen Schlangen beschäftigen. Das ist natürlich psychoanalytischer Pop, das trieft vor symbolischen Anspielungen und Trip-Erfahrungen. Das hat sicher mehr mit Hölle zu tun als mit Weihnachtsmärchen. Die Dämonen sind im Keller von »Pulp Fiction« gelandet.

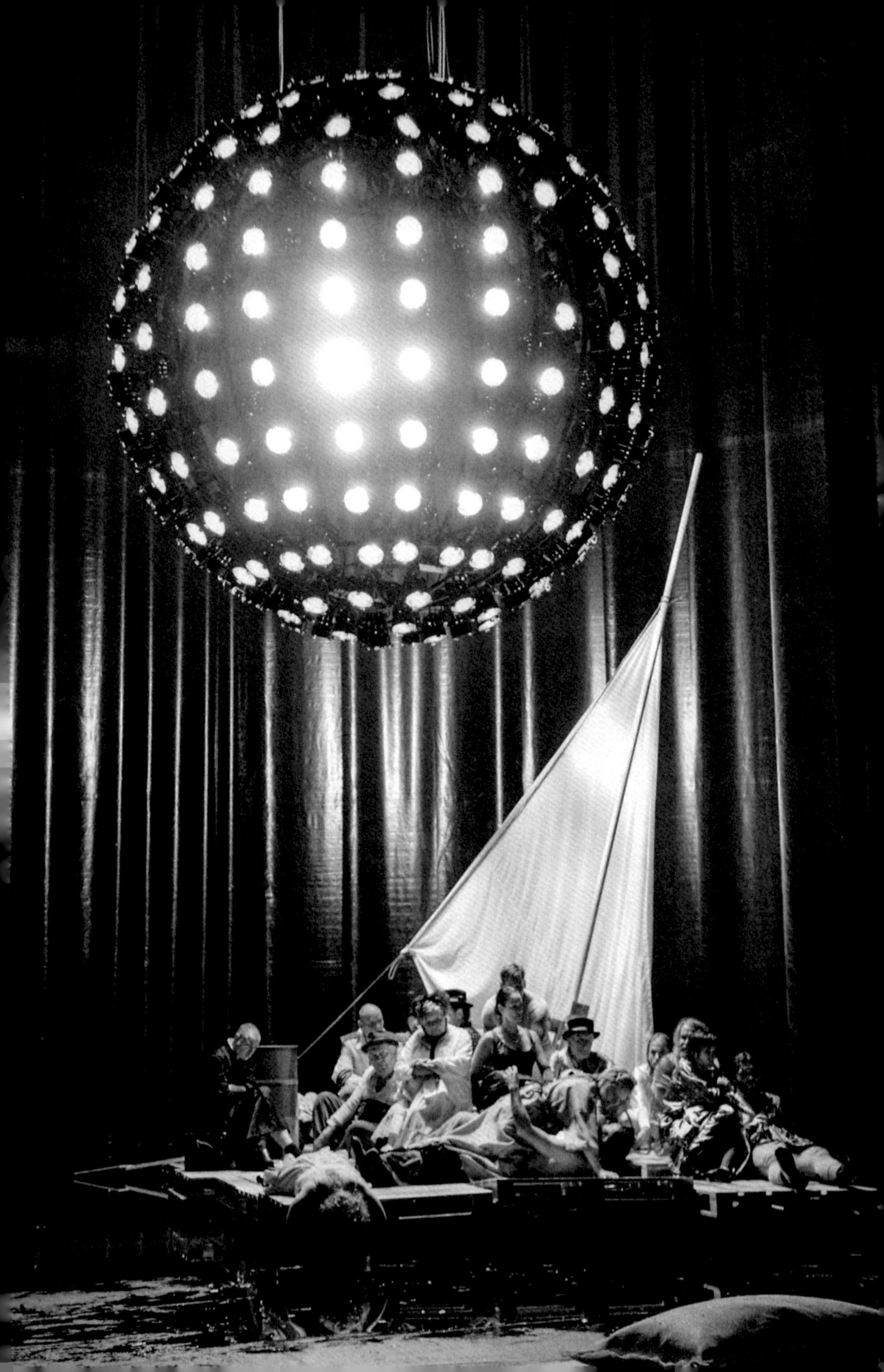

Man bekommt eine Idee davon, was das mal für ein Land war, Deutschland

Das Interview fand im Oktober 2009 im Vorfeld von Frank Castorfs Uraufführung von Friedrich von Gagerns Stück »Ozean« statt. Seit über einem Jahr war die Volksbühne unübersehbar in einer Krise, das Theater wirkte lust- und orientierungslos, Castorfs Aufführungen waren nicht gut besucht.
In der Öffentlichkeit wurde diskutiert, ob die Kulturpolitik Castorfs Intendantenvertrag verlängern oder auslaufen lassen sollte.

»Ozean« (2009)
Foto: David Baltzer / bildbuehne.de

Sie inszenieren zur Wiedereröffnung der Volksbühne nach dem Umbau wieder einmal ein denkbar krudes Stück, »Ozean« von Friedrich von Gagern, geschrieben 1921. Das liest sich ein wenig wie die Trash-Variante von Dostojewskis Gott- und Sinnsucher-Delirien. Weshalb tun Sie uns, der Volksbühne und sich selbst das an?
Man muss ja ein bisschen den Misserfolg organisieren … *(lacht)* Ich weiß gar nicht, wie ich auf das Stück gekommen bin, wahrscheinlich durch Heiner Müller. Friedrich von Gagern …

… ein heute komplett vergessener Kolportage-Autor aus der ersten Hälfte des 20. Jahrhunderts …
… den hat Heiner als Kind gelesen, das ist einer seiner Lieblingsautoren. Noch im Alter konnte er ganze Passagen von ihm auswendig. Müller hat am Ende seines Lebens viel über von Gagern geredet. Der Satz »Deutscher sein heißt Indianer sein«, das ist Friedrich von Gagern, ein Großgrundbesitzer, der als Jäger auf Leute schießt, die seinen Wald betreten. Deshalb haben sie ihm dann den Jagdschein weggenommen. Das Stück ist nie gespielt worden, das kennt kein Mensch, wir machen die Uraufführung.

»Ozean« handelt von deutschen Auswanderern, die Mitte des 19. Jahrhunderts, nach der gescheiterten Revolution 1848, im Zwischendeck nach Amerika reisen, Revolutionäre, Arbeiter, Prostituierte, Geistliche. Vielleicht reisen sie in ein neues Leben, vielleicht sterben sie auch bei der Überfahrt. Was interessiert Sie an so einem Stoff?
Es sollte etwas sein, wo man rübersetzt, woandershin. Erst dachten wir an Döblins »Amazonas«-Roman oder an Kafkas »Amerika«.

Weil Sie selbst so gerne und oft in Brasilien, Kuba oder Argentinien sind?
Ja, vielleicht auch. Neulich habe ich in Caracas, in Venezuela, den »Auftrag« von Heiner Müller inszeniert, in einer Woche, mit tollen Schauspielern. Aber das ist nicht der eigentliche Grund. Bert Neumann kam auf die Idee, dass man das Theater als Schiff sehen kann, dass

man alles schwarz macht im Theater, dass es eine tödliche Sonne gibt. Es ist eine Raumbühne, es gibt keine Stühle, die Zuschauer sitzen auf den Seesäcken, sie sitzen in diesem Zwischendeck. Es geht auch um den Ausnahmezustand, der laut Carl Schmitt immer auf See herrscht, und natürlich auch im Theater.

Der Ausnahmezustand der Volksbühne ist derzeit eher unerfreulich. Wie geht's Ihnen denn so als Kapitän dieses leckgeschlagenen Panzerkreuzers?
Wir hatten in der Volksbühne lange Zeit einen Riesenvorteil, nämlich Leute, die Matthias Lilienthal rangeholt hat …

Ist die Demokratie die Wahrheit der Politik, oder ist es in Wirklichkeit der Ausnahmezustand, die Gewalt, der brutale Machtkampf?

… der in den ersten acht Jahren Ihrer Volksbühnen-Intendanz, 1992 bis 1999, Ihr Chefdramaturg war …
Ich habe erst, als er hier aufgehört hat, irgendwann verstanden, wie wichtig er für die Volksbühne war. Ich habe damals nie gesehen, wie sich alle verbrennen für dieses Theater. Ich war das begabte Kind, das gespielt und seine Inszenierungen gemacht hat und nicht mitkriegt, wie sich die anderen verbrennen, Matthias, die Technik, Bert Neumann, Kathi Angerer, Henry Hübchen, Martin Wuttke, Bernhard Schütz. Was Matthias Lilienthal am HAU macht, ist wunderbar. [Lilienthal war 2003–2012 Intendant des Berliner Hebbel am Ufer, HAU.] Dass er irgendwann das BE übernehmen sollte, wenn Berlin nicht völlig provinziell werden will, habe ich schon dem letzten Kultursenator zu erklären versucht. Aber was ich eigentlich sagen will: Unser Vorteil war, dass hier jemand war, den ich vorher gar nicht kannte, der den Film »Das deutsche Kettensägenmassaker« gemacht hatte …

Christoph Schlingensief.

Den hat Matthias hergeschleppt, ich dachte, warum nicht, kann man ja machen. Christoph Marthaler war hier, auch Kresnik. Das war was Besonderes, Leute, die in sich eine Konzeption waren. Die kamen aus der Musik, vom Kino, aus dem Tanz. Wenn das aus traurigen Gründen wegbricht …

… oder aus selbstverschuldeten Gründen?

Auch das. Aber das ist vielleicht eine Frage von Zeit, von Überdruss, von der Frage, in welche Richtung man weitergehen will, ob man überhaupt noch weitergehen oder einfach sitzen bleiben will.

Sie sind seit sechzehn Jahren Intendant der Volksbühne, das ist eine lange Zeit. Sie inszenieren in zwei Jahren einen Flaubert-Abend in Paris, nächstes Jahr inszenieren Sie »Drei Schwestern« in Moskau, im letzten Jahr hatten Sie mit einer Oper einen großen Erfolg bei den Wiener Festwochen. Sie können sich weltweit die Theater aussuchen und kriegen dabei vermutlich die Höchstgage. Hatten Sie in den letzten Jahren nicht irgendwann Lust, den Job an der Volksbühne einfach hinzuwerfen?

Ich habe jetzt auch in Kopenhagen inszeniert. Wenn man woanders arbeitet, ist man wieder der Filibuster, der Korsar, man kann anders wildern. Als Fremder hat man es immer leichter, das geht mir sogar in Wien oder in Zürich so. In Berlin bin ich in einer Stadt, die ausdefiniert ist. Man kennt sich schon. Wenn ich in Caracas oder in Brasilien inszeniere, muss ich schnell reagieren, mich in kurzer Zeit auf Menschen einlassen. Das Interesse für dieses fremde Theater ist viel größer als hier. Berlin hat sich ja auch verändert in den letzten Jahren, die Stadt ist nicht mehr heiß und kalt, sie ist cool. Das hat Vorteile und Nachteile. Früher war die Volksbühne eine einsame Insel, heute ist hier alles voll mit Labels und Galerien und schicken Restaurants. Ich muss hier einfach immer wieder versuchen, Stoffe zu finden, die mich wirklich interessieren. Sonst kann ich es bleiben lassen. Um das Theater voll zu bekommen, könnte ich einen »Hamlet« machen oder noch mal einen Ibsen, was eben so an einem gut sortierten Theater funktioniert. Dazu habe ich keine Lust. »Ozean« ist ein Stoff, den erst mal keiner kennt. Das ist teilweise Trash, aber da ist auch Nietzsche drin, Ernst Jünger, Carl Schmitt, Bakunin, Kropotkin, da sind die »Weber« drin im Dialekt. Man bekommt eine Idee davon, was das mal für ein Land war, Deutschland. Das ist so weit weg von allem, was gerade modern ist, dass es vielleicht schon wieder modern ist. Der Ozean hat etwas anziehendes, eine bedrohliche Macht. Nach »Ozean« machen hier junge Regisseure die Schiller-Fragmente, die Seestücke von Schiller, die sich zwischen Ostindien und Westindien bewegen. Das ist nicht ausformuliert, das sind teilweise nur kurze Sätze, Abstrakta, wenn er sagt »Theaterschiff – Kriegsschiff«, das interessiert mich, das erinnert mich an andere Fragmente von Brecht. Auf dem Schiff herrschen die Notgesetze, der Ausnahmezustand, da sind wir bei Carl Schmitt.

Der Nazi-Jurist, von dem der berühmte Satz stammt, souverän sei, wer über den Ausnahmezustand entscheidet. Das ist eine vornehme Umschreibung für Staatsterror.

Ja, und auf diesem Schiff passiert etwas, eine Revolution. Bevor man in Amerika ankommt, in der neuen Welt, muss man durch den Ausnahmezustand. Die Leute politisieren sich, sie verlassen ihre einsamen Gefilde und entscheiden sich gemeinsam zu einer politischen Tat. Wie klug die ist, ist eine andere Frage. Sie verändern diese Gesellschaft auf dem Schiff total, indem sie den Kapitän entmachten. Das ist ein Moment von Hoffnung, und es ist im Rausch natürlich auch selbstzerstörerisch. Wir werden uns erst verändern, wenn wir keine andere Wahl haben.

Klingt nach Revolutionskitsch.

Es ist totaler Kitsch, ich glaube, das ist etwas, was Heiner Müller immer an Friedrich von Gagern gereizt hat. Das hat etwas von einem übersteigerten Männlichkeitsbegriff, wenn von Gagern seine Indianer sagen lässt, dass die Not durch die Eitelkeit der Frauen über die Männer kommt – so kommt das Elend in die Welt. Das ist nicht sehr weit weg von Müller, wenn er im »Auftrag« schreibt, dass der Verrat weiblich ist, er wirft sich mit seinen Schamlippen über den Revolutionär. Natürlich ist es Revolutionskitsch, es ist trivial, Trash, und es handelt vom Misstrauen gegen die Demokratie, ein Moment von Gewalt auf diesem Schiff. Das interessiert mich. Ist die Demokratie die Wahrheit der Politik, oder ist es in Wirklichkeit der Ausnahmezustand, die Gewalt, der brutale Machtkampf? Diese Fragen kommen jetzt wieder hoch. Deshalb ist auch Heiner Müller wieder aktuell, auch wenn die ganzen Linksliberalen mit ihrem Antikommunismus allergisch auf ihn reagieren.

Ich lebe ganz gerne in der Demokratie. Wäre Ihnen die Diktatur irgendeiner kommunistischen Partei lieber?
Darum geht es nicht. Kein amerikanischer Präsident hat sich jemals für die Sklaverei entschuldigt bei den Völkern Afrikas, ich weiß nicht, ob Obama das gemacht hat. Dieser Reichtum, der durch die Ausbeutung, durch die systematische Verletzung von Menschenrechten, durch die Ausrottung ganzer Völker in der Karibik produziert wurde, die ursprüngliche Akkumulation von Kapital, die dann die Demokratie in den USA begründet, diese Doppeldeutigkeit hat mich immer interessiert. In »Ozean« erinnert man sich, schon durch die Dialekte, daran, dass dieses Deutschland einen langen Weg hinter sich hat, wenn Bärbel Bolle, die ich großartig finde, oder Horst Lebinsky diese komischen Texte im schlesischen oder im Berliner Dialekt sprechen. Bärbel Bolle ist jemand, zu der ich eine sehr besondere Beziehung habe. Das sind gelebte Biografien, das ist nicht nur Theater. Wenn Volker Spengler, den ich über alles liebe, in seiner Rolle über den Tod spricht, wenn er Gott anklagt, dann habe ich das Gefühl, dass er von sich selbst redet: »Wir werden Gott richten, denn ich bin der, der am Kreuz gestorben ist.« Und wenn ich mir Volker ansehe, mit dem Humor, den er hat, ist in solchen Sätzen eine tiefe Traurigkeit und Wahrheit.

Mit Bärbel Bolle und Horst Lebinsky haben Sie vor zwanzig Jahren am Deutschen Theater »Paris, Paris« und »John Gabriel Borkman« inszeniert. Sie haben viele alte Schauspieler, alte Weggefähr-

ten engagiert. Ist das auch der Versuch, an Ihre eigenen Anfänge anzuknüpfen?
Ja, klar, das ist so. Bärbel Bolle hat eine Direktheit und einen Charme, mit ihren Ende sechzig, den ich toll finde. Hermann Beyer, Dieter Montag, Horst Lebinsky, Mex Schlüpfer, Frank Büttner, das sind nicht nur Schauspieler für mich, das sind Menschen mit einer sozialen, auch politischen Biografie, die für mich einen politischen, moralischen Schatten werfen, auch wenn sie manchmal vielleicht nicht mehr so gut hören oder länger brauchen. Das sind keine Opportunisten, es sind Leute, die eine Würde haben und mit dem Theater etwas wollen. Was sie machen, ist authentisch. Das ist etwas anderes, als wenn ich im Deutschen Theater junge Menschen auf der Bühne sehe und zuerst denke: Zweifellos sind das Schauspieler. Deshalb würde ich auch gerne mit Edith Clever arbeiten. Sie interessiert mich als intelligenter, entschiedener Mensch in dieser Zeit. Wir haben lange, genaue Gespräche miteinander gehabt. Es gibt so viele ältere Schauspieler, die absolut wiederzuentdecken sind.

Bei den Jungen ist der Zwang zum Erfolg viel schwieriger geworden. Deshalb sind die Menschen so vereinzelt und vor allem mit Überleben beschäftigt.

Früher hatte die Volksbühne das aufregendste Schauspielerensemble Europas: Sophie Rois, Jeannette Spassova, Kathrin Angerer, Henry Hübchen, Martin Wuttke, Alexander Scheer, Bernhard Schütz. Davon ist nicht viel übrig geblieben. Auch das gehört zur Krise der Volksbühne. Weshalb hat Ihr Theater nicht mehr die Bindekräfte, große Schauspieler halten zu können?
Natürlich ist es für Henry oder Martin bequemer, beim Film Geld zu verdienen. Das kann ich ihnen auch nicht verdenken. Was die hier gemacht haben, diese langen Abende, wo sie sich bei jeder Vorstellung ab-

gefackelt haben, die allabendliche Entäußerung, die kurzen Produktionszeiten, das ist Hochleistungssport. Wir werden alle nicht jünger, und bei den Jungen ist der Zwang zum Erfolg, der Überlebenskampf, viel, viel schwieriger geworden. Deshalb sind die Menschen so vereinzelt und vor allem mit Überleben beschäftigt. Ich hätte viel radikaler, viel früher dieses Theater, das Ensemble verändern müssen. Das ist durch die Routine des Erfolgs weggerutscht. Ich habe nach dem Weggang von Matthias Lilienthal lange niemanden gefunden, der diese Position ausfüllen konnte. Teilweise habe ich falsche Leute geholt, da hat mich der Instinkt verlassen, mehrmals. Ich war manchmal erschrocken darüber, wie Leute hier am Haus künstlerische Impulse nicht verstehen konnten. Das hätte ich aber auch früher begreifen können. Das ist so. Wir sind immer noch eine Insel. Ich gehe nicht so viel in andere Theater, und was ich sehe, entspricht nicht dem, was mir Spaß macht und wie ich Leben sehe und Zeit, Gesellschaft. Da kann man sagen, das ist mein Problem. Ich sehe überall Plagiate von Sachen, die ich oder Marthaler oder Schleef gemacht haben. Davon wird man müde, weil das Originäre sich ins Kunstgewerbe entleert. Da ist mir jemand wie Gotscheff lieber, mit Mitko kann ich umgehen, weil er eine Biografie und eine Haltung hat.

Ich sehe überall Plagiate von Sachen, die ich oder Marthaler oder Schleef gemacht haben. Davon wird man müde, weil das Originäre sich ins Kunstgewerbe entleert.

Wie geht's weiter an Ihrem angeschlagenen Panzerkreuzer?
Mir macht es im Augenblick Spaß, mit jemandem wie Bärbel Bolle oder Horst Lebinsky zu arbeiten, mit diesen Leuten habe ich Spaß am Beruf. Ich kann die Volksbühne nicht neu erfinden, ich kann auch mich selbst nicht neu erfinden. Ich kann nur anknüpfen an etwas, das mal wichtig war.

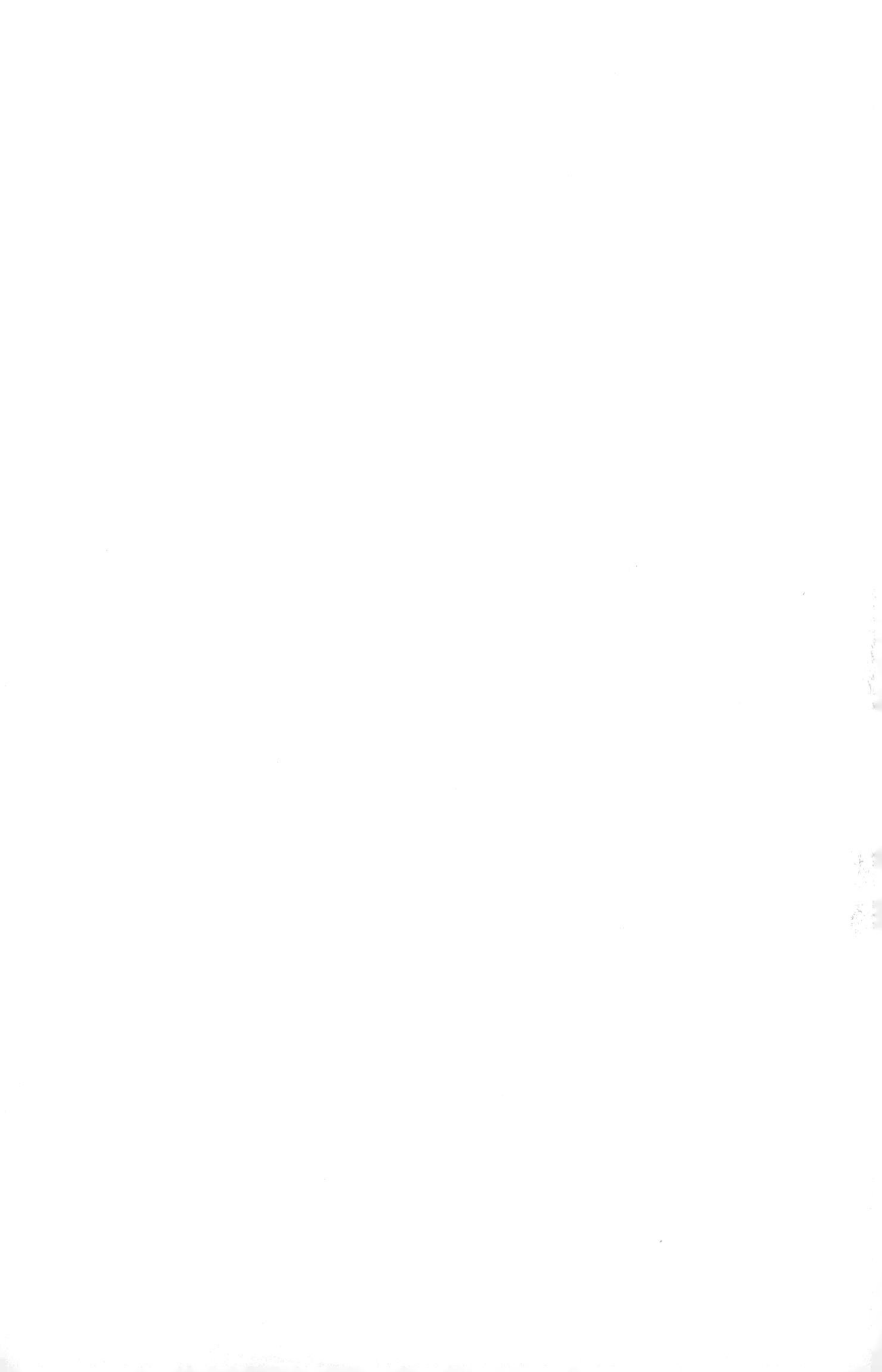

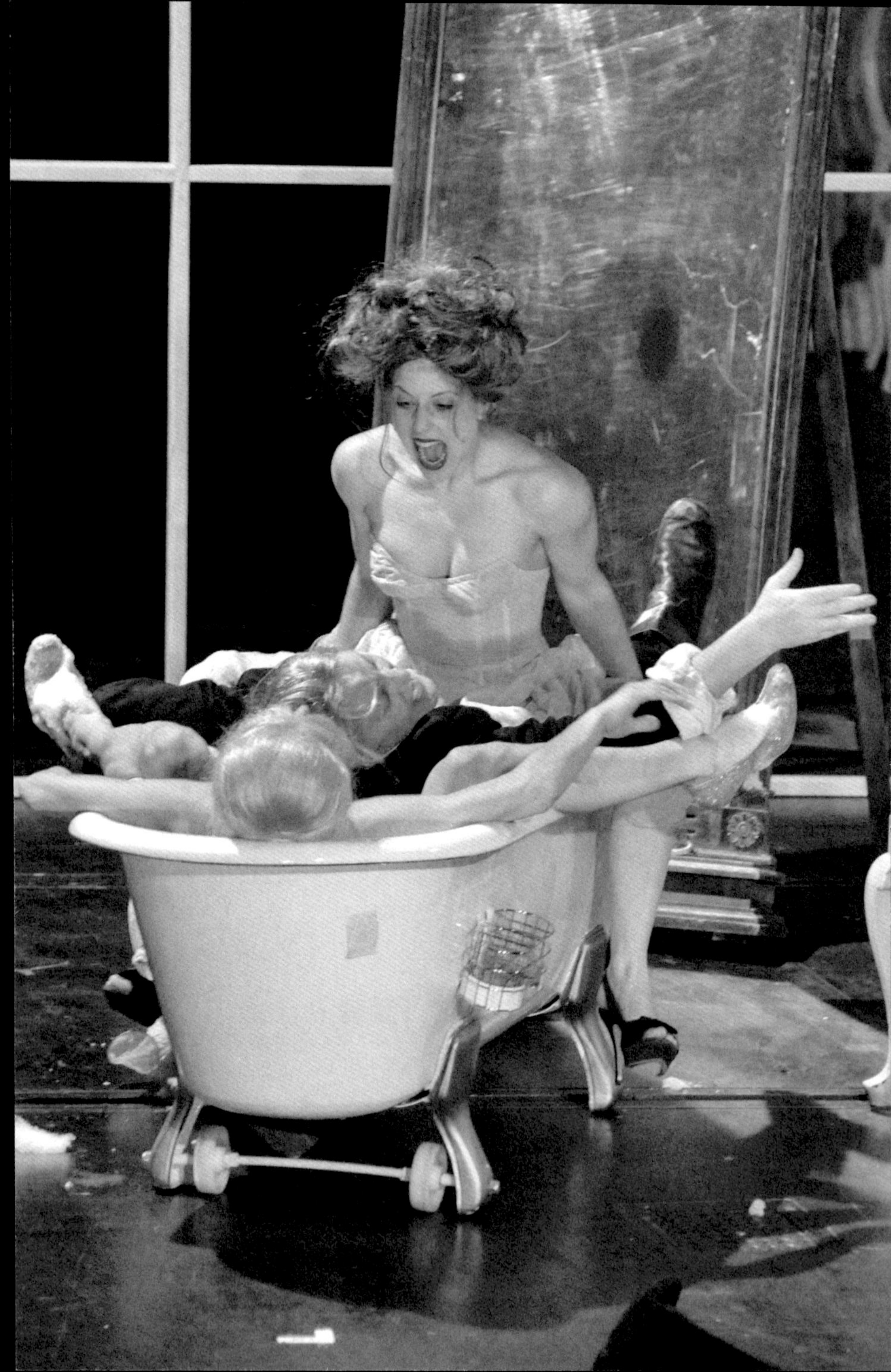

Selbstverstümmelung als Überlebenstechnik

Jakob Michael Reinhold Lenz (1751–1792) ist einer der Lieblingsautoren Frank Castorfs. Das Gespräch fand im Februar 2010 im Vorfeld seiner Inszenierung des Lenz-Stücks »Die Soldaten« statt.
Der von seinem Jugendfreund Goethe aus Weimar vertriebene Lenz wird in Castorfs »Faust«-Inszenierung 2017 noch einmal auftauchen. Sophie Rois singt sehr verloren Schuberts »Leiermann«-Lied. Martin Wuttke mit der Maske des alten Goethe, ein böser, brutaler Greis, verjagt Rois-Leiermann-Lenz mit seinem Degen wie einen lästigen Hund.

Margarita Breitkreiz, Uwe Dag Berlin und Ada Labahn in »Die Soldaten« (2010)
Foto: Marcus Lieberenz / bildbuehne.de

Nach Wolfgang Rihms Lenz-Oper in Wien und dem »Hofmeister« in Zürich inszenieren Sie jetzt mit den »Soldaten« Ihr drittes Lenz-Stück. Was interessiert Sie so an Jakob Michael Reinhold Lenz, diesem etwas irrlichternden Dramatiker aus dem 18. Jahrhundert?
Heiner Müller hat mal erzählt, wie er mit Peter Brook am Berliner Ensemble Brechts »Hofmeister«-Bearbeitung gesehen hat. Brook sagte, wenn es Artauds Theater der Grausamkeit gibt, dann ist es das, »Der Hofmeister« von Lenz.

Die Geschichte einer Kastration: Der Hofmeister, der zu arm ist, um zu heiraten, entmannt sich selbst.
Der Schnitt durch das eigene Fleisch, die Selbstverstümmelung ist der Preis, um in dieser Gesellschaft schmerzfrei zu überleben, um gesellschaftsfähig zu werden, das Leben in der Selbstverleugnung. Es gab im 18. Jahrhundert ernsthafte Reformdebatten, die die Kastration für Junggesellen vorgeschlagen haben, aber Selbstverleugnung ist auch heute gängige Überlebenstechnik.

Seit wann beschäftigen Sie sich mit Lenz?
Meine Sicht auf Lenz ist stark geprägt von einem Standardwerk, das ich an der Uni gelesen habe, »Büchner und seine Zeit« von Hans Mayer, ein Buch, das leider etwas in Vergessenheit geraten ist. Büchner beschreibt in seiner Erzählung »Lenz« anhand von Aufzeichnungen des Pfarrers Oberlin, bei dem Lenz untergekommen war, jemanden, der zweifellos genialisch-infantile, schizophrene Züge hat. Das ist eine frühe Bestandsaufnahme der Krankheit Schizophrenie. Meine Sicht auf Lenz ist natürlich auch die Wut auf das Idealische Schillerscher Prägung. Manchmal ist es wichtiger, eine Hundehütte zu zeichnen, als ganze Ideengemälde zu entwerfen. Dann ist es die Wut darüber, wie Goethe in »Dichtung und Wahrheit« seinen Jugendfreund Lenz denunziert. Lenz wird durch die Sichtweise von Goethe zum Narren gemacht, jemand, der sich immer danebenbenimmt.

Goethe wirft Lenz »Selbstquälerei« und »formloses Schweifen« vor.
Ja. Aber das Krankheitsbild ist auch politisch. Als Lenz 1776 den arrivierten Goethe in Weimar besucht, lässt Goethe ihn ausweisen; man weiß nicht genau, was vorgefallen ist, Goethe spricht nur von Lenz' »Eselei«.

Lenz schreibt nach der Ausweisung aus Weimar, er sei »ausgestoßen aus dem Himmel als ein Landläufer«. Das ist der Bruch in seinem Leben.
Danach irrt er zu Fuß durch halb Deutschland, ohne Geld, bis er seine ersten schizophrenen Schübe bekommt. Goethe hat eine politische Karriere am Hof vor. Die revolutionären Sturm-und-Drang-Jugendfreunde, Klinger, Wagner, Lenz, die zu ihm nach Weimar kommen, werden dieser Karriere gefährlich. Also müssen sie liquidiert werden.

Das ist typisch für deutsche Intellektuelle: Wenn sie nicht Erfolg haben und Karriere machen, werden sie närrisch und wunderlich.

Der Karrierist Goethe panzert sich und spaltet mit seinen Jugendfreunden seine eigene Jugend von sich ab?
Das macht er mit einer ungeheuren Intuition und Brutalität. Der Sturm und Drang war der kurze Sommer der Anarchie, das muss vom Hofbeamten Goethe ausgeschaltet werden. Goethe treibt Lenz in die Isolation. Das ist von Goethe völlig konsequent gedacht, aus Überlebenswillen und Selbstschutz. Deshalb auch seine Abwehrreflexe gegen Kleist, gegen Hölderlin, gegen die Romantiker. Es gibt ja viele traurige Gestalten in der Literaturgeschichte des 18. Jahrhunderts, Lenz ist in dieser Vereinsamung der traurigste, schreibt Hans Mayer. Lenz stirbt als Obdachloser auf den Straßen Moskaus, in der Vereinsamung und Vereisung, in der Anonymität. Er stirbt, wie es hieß, »von wenigen vermisst und von keinem betrauert«. Wenn dann jemand wie Büchner aufsteht und diese großartige Erzählung »Lenz« schreibt, ist das eine Ehrenrettung.

Die Heftigkeit, mit der Goethe daran arbeitet, Lenz als Parodisten, als Unikum zu denunzieren, ist verräterisch und grausam. Natürlich hatte Lenz die Disposition zur Krankheit in sich, zur Schizophrenie. Aber seine Krankheit hat auch mit Verletzungen zu tun. In seiner Soldatenzeit, als Hofmeister der Barone von Kleist, haben ihn die Offiziere nackt aus dem Fenster gehalten, die üblichen sadistischen Scherze, die man mit sozial Schwächeren macht. »Der Hofmeister« und »Die Soldaten«, das sind die ersten Tragikomödien der deutschen Literatur, damals pure Gegenwartsstücke. Was mich wirklich interessiert, sind zum Beispiel diese zerrissenen, kurzen Szenen. In den »Soldaten« bestehen Szenen teilweise nur aus ein, zwei Sätzen, das ist wie im Film.

Zerrissene Szenen eines zerrissenen Autors.
Ja. Lenz wird überall rausgedrängt, er hat nie eine richtige Stellung, er ist sozial nicht kompatibel. Er träumt davon, die Zarin zu beraten, und entwickelt politische Reformideen. Das sind wahrscheinlich nur noch die Stoßgebete eines Schizophrenen, der längst alle sozialen Bindungen verloren hat, den man höchstens noch als genialischen Narren sieht. Das ist typisch für die Lage deutscher Intellektueller: Wenn sie nicht Erfolg haben und Karriere machen, werden sie närrisch und wunderlich, oder sie werden in die Position des Gestörten getrieben, Hofnarren wie Gundling am preußischen Hof. Es gibt den berühmten Satz: »An ihm ist viel gesündigt worden« – und an Lenz ist wirklich viel gesündigt worden.

Lädt Lenz als halb wahnsinniges, am Leben gescheitertes Genie zu kitschigen romantischen Projektionen ein?
Das wäre ein falscher Blick. Er vermarktet sein Außenseitertum nicht. Er ist nicht Kurt Cobain oder Rimbaud, der schon weiß, dass er mit der Flucht nach Afrika als Waffenhändler an der Selbstmystifizierung arbeitet. Lenz will ja mitmachen, er will dazugehören und geliebt werden, er will helfen und durchstoßen zum Konsens der Gesellschaft, aber es gelingt ihm einfach nicht. Sein Außenseitertum ist nicht kalkuliert. Er ist wirklich ein naives Kind. Das ist das Bewunderungswürdige an der

Oper von Rihm, in Musik übersetzte Psychopathologie, eine geniale Darstellung dieser völligen Verlorenheit und Einsamkeit.

Was sind das für Männergestalten in den »Soldaten«, alle mit sexuellem Überdruck, der sich in Zoten und Saufgelagen abreagiert, halb komische, halb grausame Figuren? »Furchtbare Ehelosigkeit, was für Karikaturen machst du aus den Menschen«, heißt es einmal. Die Scherze sind sehr derb, das kenne ich aus meiner eigenen Armeezeit, man genießt die gemeinsame Verrohung. Je mehr saufen, desto besser. Aus Langeweile tyrannisiert man sich gegenseitig, der Schwächste oder Merkwürdigste in der Gruppe wird zum Opfer, das sind sexualsadistische Momente. Einen so ungeschminkten Umgang mit Sexualstörungen kenne ich sonst kaum aus der deutschen Literatur. Das hat was vom Keller in »Pulp Fiction«, wenn man runtergeht in die tieferen Regionen. Der beliebteste Freizeitsport der Offiziere in Straßburg, wo Lenz war, war es, Bürgermädchen zu verführen. Dieses Muster des adligen Verführers beschreibt Lenz im Gegensatz zu Schiller oder Lessing in ihren bürgerlichen Trauerspielen mit einer ungeheuren Trostlosigkeit. All diese Figuren mit ihren Hoffnungen gehen zugrunde. Marie, das verführte Bürgermädchen, endet als Prostituierte, bettelnd und hungernd. Die Aussichtslosigkeit dieser Figuren ist etwas, das einen runterziehen kann.

Wir leben in der klar erkannten Feindschaft zu den gesellschaftlichen Verhältnissen.

Von heute aus gesehen wirken die Stücke von Lenz ungeheuer modern. Wie einen Kontrapunkt setzt Lenz das grelle, irrationale Lachen, das in jeder Szene da ist. Das ist wie von Samuel Beckett oder Pina Bausch, eine groteske Modernität. Die harten Schnitte zwischen den Szenen haben fast etwas vom Boulevard, wie später bei Georges Feydeau, die Tür geht zu, die Tür geht auf, und dazwischen werden ansatzlos und wie nebenbei ganze Biografien verwüstet und die Unschuld dieses

Bürgermädchens weggevögelt. Ich finde die Stücke von Lenz so atemberaubend, weil sie keine falschen Hoffnungen aufkommen lassen. Diese Kombination aus sozialer Genauigkeit und Groteske ist in der deutschen Literatur ohne Vorbild. Erst Büchner in »Woyzeck« erreicht wieder diese Dimension.

Mit seiner »Lenz«-Erzählung porträtiert Büchner auch seinen literarischen Vorläufer als Dramatiker, oder?
Büchner kommt mit dem kühlen Blick des Naturwissenschaftlers anders als Lenz zum fatalistischen Geschichtspessimismus: Machen wir uns nichts vor, die Welt ist, wie sie ist, und sie ist nicht gut für den Menschen. Wir leben in der klar erkannten Feindschaft zu den gesellschaftlichen Verhältnissen. Büchners Danton hat die tiefere Erkenntnis, dass es sich nicht mehr lohnt, zu kämpfen. Büchners »Woyzeck« ist ohne die Stücke von Lenz nicht denkbar. Stolzius, der unglücklich verliebte Junge in den »Soldaten«, ist eine Woyzeck-Figur. Lenz hat wie Büchner die ungeheure Fähigkeit, nicht den großen Handlungsschirm aufzuspannen, sondern einzelne Vorgänge herauszunehmen, zu fragmentieren, um sie fast naturwissenschaftlich bewusst zu machen.

Vergrößerte, ins Groteske getriebene Momentaufnahmen statt des Kontinuums, der Diktatur des Plots – das ist sehr nah an der Erzählweise in Ihren Inszenierungen.
Ja, klar. Brechts Bearbeitung des »Hofmeisters« macht nach dem Zweiten Weltkrieg Tabula rasa, ein Spiegelbild der deutschen Misere, geschrieben aus einer Perspektive der absoluten Negation. Ich finde, dass darunter bei Lenz eine ungeheure Sehnsucht nach Harmonie liegt, eine naive Liebessehnsucht, die er nicht leben konnte.

Noch mal die erste Frage: Was fasziniert Sie so an Lenz?
Dieser völlige Schmerz, gepaart mit einer Glückssehnsucht.

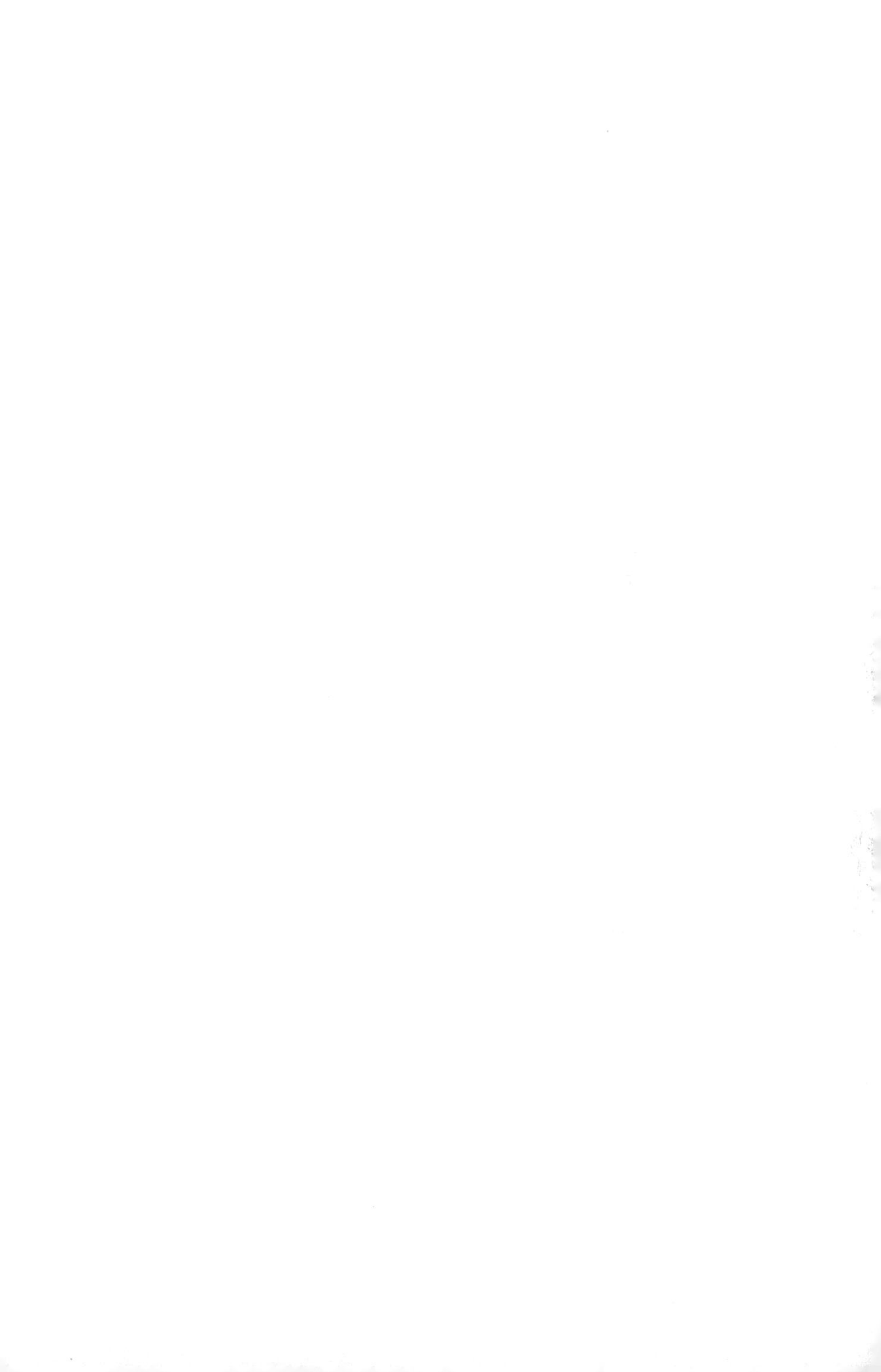

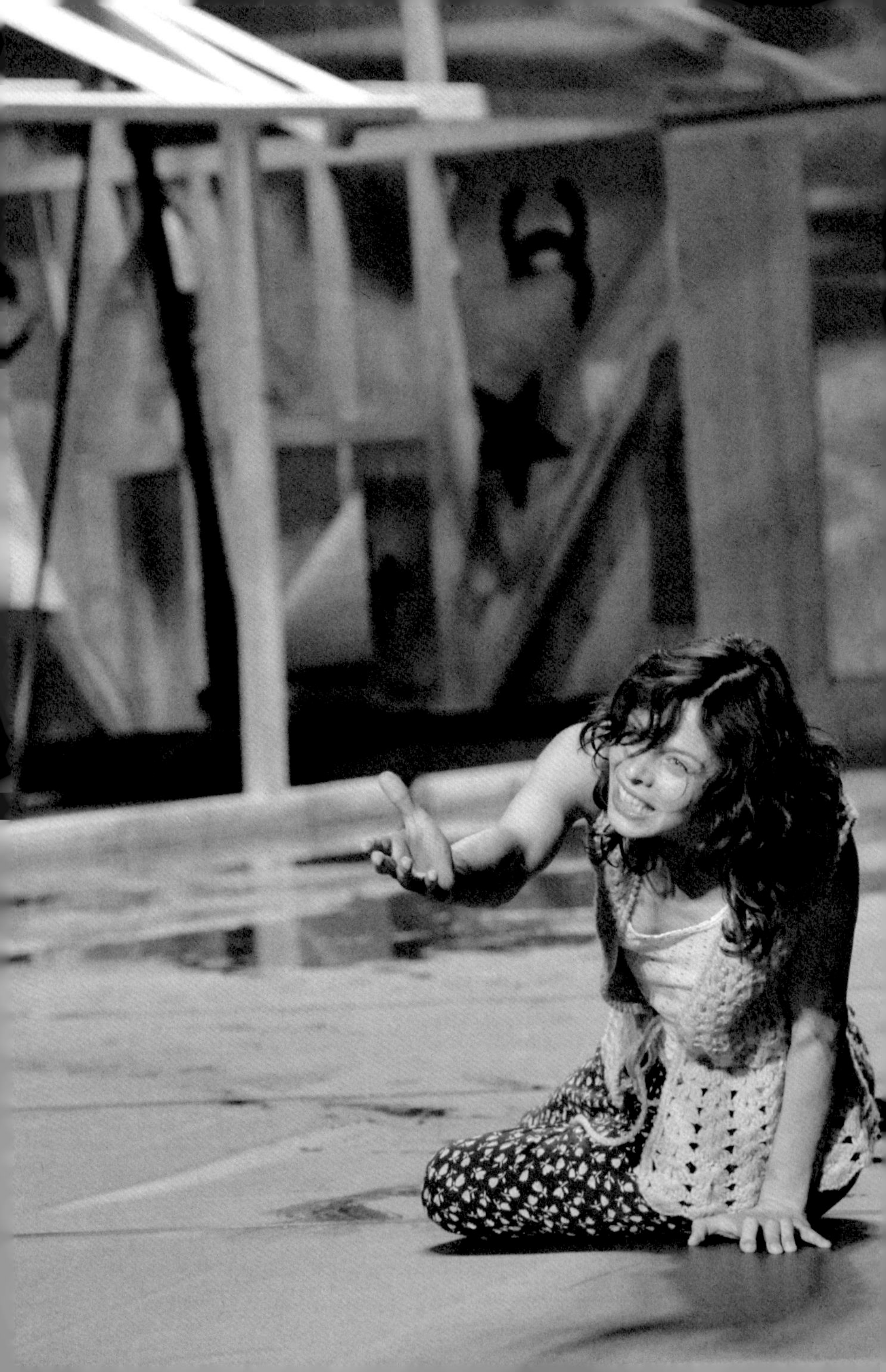

Überflüssige Menschen

**Im Mai 2010 eröffnete Frank Castorf mit der Inszenierung »Nach Moskau! Nach Moskau!« ein Festival im Moskauer Mossowjet-Theater.
Nach Gastspielen bei den Wiener Festwochen kam die Aufführung an die Berliner Volksbühne. Das Interview fand im Vorfeld der Berliner Premiere im Juni 2010 statt. Für seine erste Tschechow-Inszenierung montierte Castorf Passagen aus »Drei Schwestern« und der Erzählung »Die Bauern«.**

Margarita Breitkreiz in: »Nach Moskau! Nach Moskau!« (2010)
Foto: Marcus Lieberenz / bildbuehne.de

Herr Castorf, »Nach Moskau! Nach Moskau!« ist Ihr erster Tschechow. Für einen Regisseur, in dessen Inszenierungen zarte Empfindungen eher wenig Platz haben, der mit seinen Bühnenfiguren gerne sarkastisch und ziemlich unsentimental umgeht, ist das ein überraschender Autor. Was interessiert Sie an Tschechow?
Wahrscheinlich kann man das Phänomen Tschechow nur erklären, wenn man weiß, dass er Naturwissenschaftler ist, Mediziner, genau wie Büchner oder Bulgakow. Er weiß, was Krankheit bedeutet, Fieber, Schwindsucht, Bluthusten. Seine eigene Tuberkulose hat er bis kurz vor seinem Tod ignoriert. Der Landarzt Bulgakow brauchte seine Portion Morphium, und damit auch seine Portion Ideologie oder Kunst, um den Arzt-Beruf zu ertragen. Bei Tschechow ist es auch die Kunst, die Schönheit, das Gegenbild. Aber bei ihm kommt noch etwas anderes hinzu. Noch beim schlimmsten Anfall, wenn er Blut spuckt, sagt er: komisch, absolut komisch. Als er den »Kirschgarten« schreibt, will er ein komisches Stück schreiben, kein sentimentales. Tschechow wollte nicht umsonst die Hauptdarstellerin in der »Möwe« bei der Uraufführung achtkantig rauswerfen. Ihr Seufzen, ihr Heulen fand er unerträglich.

Das klingt mehr nach Castorf als nach Tschechow.
Der Darsteller des Onkel Wanja besucht ihn vier Tage, er kann nicht weg, weil draußen Schnee liegt. Der Schauspieler spielt ihm laufend vor, wie er die Rolle anlegen will. Tschechow schwitzt nur und weiß, das wird ein Debakel. Er war immer gegen das Seufzen und für die Komödie, für das Vaudeville. Das ist sein Hass auf Stanislawski, der ihn zu Lebzeiten nie verstanden hat. Viele Tschechow-Inszenierungen, nicht nur bei meinem Freund Peter Stein, ertrinken im Psychologismus, wie auch immer leicht ironisch gefärbt. Aber tatsächlich haben wir es bei Tschechow in meinen Augen mit einer grellen Komik zu tun, fast wie bei Artaud.

Ist diese Komik nicht todtraurig?
Die Figuren sind kommunikationsunfähig. Das Missverständnis ist die Voraussetzung für Komik. Es ist keine Tat-Sprache mehr, die zu Hand-

lungen führt. Das ist die Absurdität einer Zeit, in der die Menschen handlungsunfähig geworden sind. Sie reden immer von einer Vergangenheit, die schön war. Für die drei Schwestern ist das ihre Kindheit in Moskau. Oder sie reden von einer Zukunft, in der unser Leben einen Sinn haben wird. Diese Zukunft ist allerdings auf eine Zeit in 200 oder 1000 Jahren terminiert. Hinter der Konversation, dem Parlando kommt man immer wieder an den Punkt, an dem man dieses völlig verpfuschte Leben von einsamen, überflüssigen Menschen sieht. Unter den sensiblen Seufzern ist das Obszöne, das Hysterische, das aggressive Weinen.

Tatsächlich haben wir es bei Tschechow mit einer grellen Komik zu tun, fast wie bei Artaud.

Weshalb haben Sie in Ihrer Inszenierung die »Drei Schwestern« mit Tschechows düsterer Erzählung »Die Bauern« kombiniert?
»Die Bauern«, das ist das Elend, der Dreck, das russische Dorf, der Muschik, der Schmutz. Aber auch dort ist Komik. Das ist fast wie Tolstoi, wie Dostojewski.

Nur mit dem Unterschied, dass Tolstoi mit seinen antizivilisatorischen, antimodernen Affekten die russischen Bauern und die körperliche Arbeit romantisiert. Er verklärt das primitive Leben, als würde es die Seele reinigen. Finden Sie das nicht kitschig?
Was Tschechow beschreibt, ist brutal und trostlos. Die Olga aus den »Bauern« sagt, an allem ist der Muschik schuld in seiner Wodkaseligkeit und Stumpfheit. Wenn in Moskau gebettelt wird, ist der Muschik schuld. Wenn in Berlin den Deutschen der Mercedes geklaut wird, ist der Muschik schuld, so haben wir das dann weitergetrieben. Wir sehen das Elend, aber im Hintergrund ahnt man bei Tschechow ein Wetterleuchten der radikalen Veränderung, die das 20. Jahrhundert dann heimgesucht hat, die Oktober-Revolution.

Das ewige Parlando der Tschechow-Menschen deckt das immer stärker werdende Gefühl zu, dass etwas zu Ende geht, dass sie in einer Endzeit leben. Hatten Sie von der ewigen Tschechow-Melancholie die Nase voll?
Ja, klar. »Die Bauern« ist eine auch in Russland relativ wenig gelesene Erzählung, obwohl die ja sonst alles von Tschechow auswendig können. Es gibt zwei Schlusskapitel im Nachlass von Tschechow, die wir neu übersetzt haben, das ist auf Deutsch nie erschienen. Olga und ihre Tochter Sascha, die zwölf Jahre alt ist, gehen vom Dorf, vom Elend und dem Schmutz des Landes nach Moskau. Das ist der Weg, von dem die drei Schwestern auf ihrem Landgut in der Provinz immer träumen: nach Moskau, nach Moskau. Die Idee war, das aufeinanderprallen zu lassen: »Nach Moskau« einmal von unten formuliert, aus der Armut, dem Schmutz, und einmal von oben.

Tschechow kannte die Armut, nicht nur aus seinen Recherchen im zaristischen Gulag, in Sibirien, bei den Verbannten. Er kam selbst aus ärmlichen Verhältnissen.
Ich war in seinem Geburtshaus, das ist so niedrig, dass man kaum darin stehen kann. Mit siebzehn fing er an, sich innerlich von seinem prügelnden, glaubensbesessenen Vater zu befreien, auch, den Atheismus für sich zu entdecken, vielleicht auch das Demokratische, das Antitotalitäre. Deshalb ist er in Westeuropa ja so beliebt.

Dostojewskis Nihilisten und Gottsucher ringen noch mit Gott. Das ist für Tschechow kein Thema mehr. Und für Sie?
Bei Dostojewski, in »Der Spieler«, den ich im nächsten Frühjahr inszenieren will, gibt es etwas, das außerhalb der Menschen existiert, das ist das göttliche Prinzip. Das entscheidet über Wohl und Wehe der handelnden Menschen. Deshalb ist uns Westlern Dostojewski so fremd.

Für Tschechow ist das komplett irrelevant. Tschechows berühmte Antwort auf die Frage, was das Leben ist, lautet: Das Leben ist eine Mohrrübe.

Es gibt keinen Gott, es gibt nur Sinnlosigkeit. Das ist die Modernität. Das ist die ständige Banalität, die Tschechow vom Muschik bis zum Militärarzt sieht und in einer Art hinterfotzigen, ironischen Aufbereitung zeigt, die oft mit Moral und Psychologie verwechselt wird. Tatsächlich ist er viel bösartiger.

Von Tschechows bösem Blick zu den Freuden und Leiden des Theateralltags: Sie haben Ihrem erst vor einem Jahr installierten Chefdramaturgen Stefan Rosinski gekündigt. Was war der Auslöser?
Jeder soll sagen, was er will, ich bin da auch nicht so fein. Aber wenn jemand in der Öffentlichkeit bestimmte Dinge tut oder sagt, dann stört das das Vertrauensverhältnis und den Betriebsfrieden. Ich hatte den Eindruck, dass er Projekte, die nicht von ihm sind, zu behindern versuchte, wie jetzt im Juni die Premiere mit Kurt Krömer. Regisseure wie Luc Bondy sind irritiert, weil Stefan Rosinski nach außen aufgetreten ist, als wäre er die Volksbühne. Er trifft beispielsweise Bondy und erklärt ihm eine Stunde lang in aller Unschuld Schiller. Das ist eine seltsame Vorstellung. Dazu kommt: Stefan Rosinski hat gut einen Monat vor Saisonende für die kommende Spielzeit keine auch nur annähernd brauchbare Spielzeitplanung vorgelegt. Das ist für mich insofern ganz gut, als wenigstens keine falschen Projekte vereinbart sind. Jetzt bin ich mit vielen Leuten, die hier was machen wollen, im Gespräch.

Es gibt keinen Gott, es gibt nur Sinnlosigkeit. Das ist die Modernität.

Sie haben Rosinski, der davor als Chef der Berliner Opernstiftung gescheitert war, zu Beginn der Spielzeit auf Wunsch der Kulturverwaltung engagiert. Frühere Fehlbesetzungen als Chefdramaturgen wie Gaby Gysi waren Ihre eigenen Fehler. Bei dem Tempo, mit dem an der Volksbühne Chefdramaturgen ausgetauscht werden, dürfte es schwer sein, hochkarätige Leute für diesen Job zu finden.
Ich will das jetzt anders machen. Ich rede mit mehreren jüngeren Leuten,

die gut sind. Und Schauspieler wie Kathrin Angerer, Jeannette Spassova, Bernhard Schütz, Milan Peschel, mit denen ich eine lange Geschichte habe, haben wieder bei »Nach Moskau« mitgespielt. Das war sehr schön für mich, auch im Zusammensein. Was Rosinski versucht hat, war eine feindliche Übernahme. Leider hatte er überhaupt keinen Schimmer davon, was er als Chefdramaturg in einem Theater zu tun hat. Das ist jetzt erstmal eine große Befreiung. Jetzt muss ich selber mehr arbeiten, leider *(lacht)*.

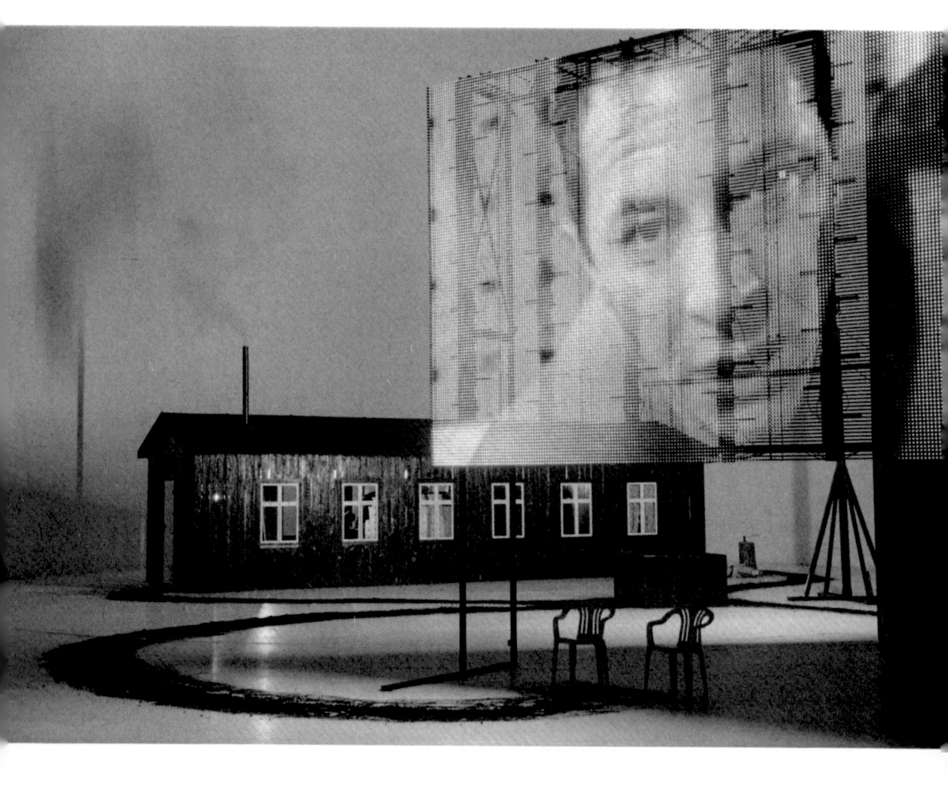

Natürlich lese ich Dostojewski als einen Porno

Das Gespräch fand im Vorfeld von Castorfs sechster Dostojewski-Inszenierung »Die Wirtin« im November 2012 statt, Frank Castorf war seit zwanzig Jahren Intendant der Volksbühne.

Trystan Pütter in »Die Wirtin« (2012)
Foto: Thomas Aurin

Herr Castorf, jahrelang haben Journalisten wie ich, vielleicht ja nicht völlig zu Unrecht, geschrieben, die Volksbühne sei am Ende. Und plötzlich wurde Ihr Theater mit drei Inszenierungen zum Theatertreffen eingeladen, mindestens jede zweite Volksbühnen-Premiere ist wieder aufregend. Wie kommt's?
Was soll ich dazu sagen? Ich habe mich immer als eine gewisse Helmut-Kohl-Analogie empfunden und notfalls Sachen einfach ausgesessen. Man kann nicht durchgängig Erfolg haben, das hatte ich in der DDR auch nicht. Zu verbittern hat keinen Sinn, ich habe nur ein Leben. Natürlich bin ich aus dem Zeitfenster gerutscht. Ich habe ja nicht meine Heimat gefunden in diesem neuen Deutschland, das ist mir fremd geblieben. Berlin gehört den Touristen, das schwappt natürlich auch in die Volksbühne. Eine Freundin aus Paris war neulich in einer Aufführung und sagte hinterher, so viele Leute, die man sich auch in einer Ku'damm-Komödie vorstellen könnte, hätte sie in der Volksbühne noch nie im Zuschauerraum gesehen. Das ist ja vielleicht nicht nur negativ, aber da hat sich was verändert. Was wir vor zwanzig Jahren in so einer exklusiven Verschiedenartigkeit von Schlingensief bis Marthaler bis Castorf behauptet haben, das war etwas Besonderes.

Seit einiger Zeit kommen alte Volksbühnen-Helden wie Martin Wuttke, Herbert Fritsch oder Christoph Marthaler zurück. Das ist vielleicht kein Neubeginn, aber es freut Leute, die in den letzten zwanzig Jahren viele Nächte in der Volksbühne erlebt haben. Geht es Ihnen auch so?
Die meisten waren damals, als wir hier angefangen haben, Außenseiterfiguren, Grenzgänger. Herbert Fritsch war ein extremer Außenseiter, Sophie Rois kam von irgendwoher, Henry Hübchen … Jetzt sind alle nach den Jahren der Wanderschaft älter, vielleicht auch erwachsen geworden. Da kann man gleichberechtigter, auch unaufgeregter miteinander umgehen. Wenn man Fritschs Inszenierungen sieht, sieht man immer auch Herbert, einen außergewöhnlichen Schauspieler, der seine Sachen mit dieser maschinengewehrhaften Gleichgültigkeit, auch seiner eigenen Wirkung gegenüber, rausstößt. Das hat hohen Unterhaltungswert.

Ich freue mich mit Herbert, weil er mit diesem endlos verlachten, hoffnungslos anachronistischen Medium Theater unverschämt glücklich ist. Kathrin Angerer wieder zu begegnen ist schön, wenn sie jetzt bei dem Dostojewski mitspielt. Sie ist erwachsener und älter geworden, vielleicht auch trauriger, wie wir alle, aber deshalb kann man das, was mal war, mehr schätzen und vielleicht ja in der Zukunft fortsetzen. Jemand wie Martin Wuttke ist immer über die Grenzen gegangen. Mit Henry Hübchen bin ich wunderbar befreundet, er wird vielleicht bei der allerletzten Arbeit an der Volksbühne wieder auf der Bühne stehen, aber sicher nicht vorher.
Fünfzehn Jahre haben wir zusammen gekämpft, da kann man dann gut befreundet bleiben und sagen, wir machen wieder was, wenn uns danach ist. Sophie Rois hat das ganz schön in ihrer Rede gesagt, als sie den Berliner Theaterpreis bekommen hat: Es ist gut, dass man sich nicht zu oft sieht und nicht zu privat miteinander ist. Das Schlimme sind Sekten, die sich nur noch selbst bestätigen. Dazu neigte ich früher auch, sicher auch Pollesch, sicher auch Schlingensief. Schlingensief fehlt natürlich, wenn ich ehrlich bin. Wen ich instinktiv sehr mag, ist Vegard Vinge.

Vinge ist wie ein Schwein, das alles frisst, und dann kommt was ganz Eigenes dabei raus.

Vinges Ibsen-Aufführungen im Prater jagen alle Grenzen eines wohltemperierten Theaters in die Luft – ziemlich anstrengend für Künstler und Publikum.
Ich finde ungewöhnlich, wie er sich selbst opfert auf der Bühne. Ich bin für ihn Stasi und Nazi, weil ich mich als Gewerkschaftler entschlossen habe, seine Aufführungen nach zwölf Stunden abzubrechen. Der Mann schlägt auf der Bühne Wände klein, er bricht sich dabei auch mal die Hand, es kommt zu sexuellen Handlungen, und die Menschen merken, dass Kunst und Wirklichkeit manchmal übereinstimmen können. Er kennt alles, was ich oder Schlingensief gemacht haben, aber er ist originär, überhaupt kein Kopist. Er ist wie ein Schwein, das alles frisst, und

dann kommt was ganz Eigenes dabei raus. Sein Exzess auf der Bühne hat nichts mit der Norm zu tun, die das Medium Fernsehen definiert. Das kann man teilweise als Zumutung empfinden, aber wenn die Volksbühne das nicht möglich macht, ist es wirklich vorbei. Theater hat immer mit der Verausgabung zu tun, dass man etwas opfern muss, manchmal auch sich selbst. Blut in Strömen wie bei den Azteken, in der Hoffnung, dass dann die Sonne besser scheint. Manchmal stimmt das und es gibt den Menschen Kraft, und manchmal ist es bloß ein Mythos.

Was Sie bei Vinge beschreiben, ist das Gegenteil eines Theaters, das nur gemocht werden möchte und bei dem Publikumserfolg die einzige Währung ist.
Einschaltquotentheater gibt es in Berlin und andernorts ja genug. Diese Ordentlichkeit, die bis in die Kantinenordnung geht, das ist schon deprimierend.

Sie inszenieren mit der Erzählung »Die Wirtin« Ihre sechste Dostojewski-Bearbeitung. Ein Menschenfreund wie der Anarchist Kropotkin mag Dostojewski nicht besonders. Kropotkin schreibt, es gebe bei keinem anderen Autor »eine solche Kollektion der abstoßendsten Typen der Menschheit – wahnsinnige, halb verrückte, verbrecherisch angelegte Naturen und tatsächliche Verbrecher in allen möglichen Abstufungen. Man fühlt, dass Dostojewski einen wahren Genuss darin findet, die moralischen und physischen Leiden der Erniedrigten zu schildern, und dass er geradezu schwelgt in den Schilderungen jenes geistigen Elends, jener absoluten Hoffnungslosigkeit und völligen Gebrochenheit der menschlichen Natur ...« Was fasziniert Sie an solchen Kaputtheiten?
Ja ... Ich lese jetzt gerade wieder Bachtin, die Theorie des karnevalistischen Weltempfindens. Bachtin spricht vom Polymorphen. Das Unabgeschlossene, das Unfertige ist wichtig bei Dostojewski. Man hat ihm ja das Ungeordnete seiner Romane vorgeworfen, ein Chaos der unzähligen Stimmen, das gigantomanisch wolgahaft und reißend wegströmt. Nicht in der Beschränkung liegt seine Meisterschaft, sondern im Gegenteil.

Das ist oft grell, kolportagehaft, reißerisch, schnell geschrieben.
Ja, aber mit einer ungeheuren Fähigkeit, nicht aus einer monologischen Autorenperspektive zu schreiben, sondern aus diesem Chaos der Stimmen all dieser Figuren – die Gottessucher, die Antisemiten, die Nihilisten. Eine Figur wie Raskolnikow ist tief religiös auf der Suche nach Gott und gleichzeitig ein brutaler Krimineller, der größte Gegensatz zu dem, was man sich unter christlicher Nächstenliebe vorstellt. Zeitgleich sind extreme Antinomien vorhanden. Jeder dieser Ideenträger ist selbstständig und nicht nur Ausdruck des Autors. Das ist in einer Schreibweise, in der das Unterbewusstsein schreibt, vorweggenommener Surrealismus, ohne jede Schamkontrolle, die totale Verletzung aller Normen. Jede extreme Figurenposition wird ohne Zensur durch den Autor vorgetragen. Beim »Spieler«, der halb autobiografisch ist, merkt man, wo die Scham einsetzt, die Kontrolle, wenn er sich zensiert, wenn es um seine eigenen sexuellen Obsessionen geht. Das wird nur angedeutet, wenn er auf den Knien liegt und die Füße der Frau küsst. Wenn man die Briefe und Tagebücher genauer liest, weiß man, dass sich bei Dostojewski in Baden-Baden schwer perverse Episoden abgespielt haben. Wenn er in der Fiktion ist, lässt er alle Stimmen dieser Triebmaschinen rausbrechen, die Obszönität ist immer drin. Das ist ein Orkan. Das sind Stimmen, von denen ich meine, dass sie in unserer Welt vorhanden sind. Dieser irrationale Orkan wird nur sehr mühsam von der Vernunft, von der Aufklärung, von Zivilisation unter Kontrolle gehalten.

Thomas Mann schreibt über Dostojewski und sein »bleiches Verbrecherantlitz«, das sei ein »Mensch, der in der Hölle war«. Stimmen Sie zu?
So kann man das sagen. In der »Wirtin«, die Erzählung, die ich gerade mache, beschreibt er epileptische Anfälle. Später, nach der Folter in der Katorga, ist Dostojewski selbst Epileptiker. Er liest in einem kleinen Intellektuellen-Zirkel Belinskis berühmten Brief gegen das Zarentum vor, er wird denunziert und zur Todesstrafe verurteilt. Unmittelbar vor der Hinrichtung wird er begnadigt und zu vier Jahren Sibirien und

Zwangsarbeit verurteilt. Er kennt die Hölle wirklich. Bei Murin, eine Hauptfigur in der »Wirtin«, ein düsterer Zauberer, kann man an E.T.A. Hoffmann denken, an die deutsche Romantik. Das ist der Teufel. Interessant ist, dass die Figuren dieser Erzählung dauernd nicht wissen, ob sie jetzt träumen, ob sie gerade Fiebervisionen haben oder ob das, was sie erleben, die Wirklichkeit ist.

Das sind Träumer, Flaneure, die durch die Straßen gehen. Manchmal denkt man auch, die Szenerie ist Paris, Regen, nasse Straßen, Mitternacht, ein Saxofon, man geht so durch und man ist einsam. Es ist die Einsamkeit, wenn Ordynoff sagt: Warum habe ich so lange gelesen, das war wie eine Sucht, die mich vom realen Leben abgeschnitten hat. Diese süchtige Lektüre ist wie eine Waffe, die er gegen sich selbst richtet. Ist die junge Katerina eine Hure oder rein wie eine Heilige? Das kippt ineinander, wie oft bei Dostojewski.

Für Thomas Mann ist Dostojewski »der Typus, in welchem der Heilige und der Verbrecher eins werden«. Gefällt Ihnen diese Ambivalenz?

Natürlich. Jede dieser Figuren bewegt sich in ihrer eigenen Wirklichkeit, jeder ist seine eigene Welt. Mich erinnert das wahnsinnig an David-Lynch-Filme. Nicht nur die Figuren haben in dieser Erzählung Fieberschübe, das infiziert auch die Erzählerstimme. Lange denkt man, der Erzähler berichtet über das reale Geschehen, aber dann wird das mit Paranoia, mit Träumen, mit Wahnschüben, Delirium so aufgeladen, dass auch die Erzählerebene ins Irrationale kippt, in die Nichtbeherrschbarkeit der menschlichen Verhältnisse. Das und diese moralischen Extremambivalenzen sind genau das, was mir gefällt und was bei jemandem wie Kropotkin absolutes Missfallen auslöst.

Wenn Kropotkin über Dostojewskis Stil schreibt, klingt das, als würde die »FAZ« eine Castorf-Inszenierung verreißen: »In seinen späteren Werken scheint der Autor so von seinen meist sehr unbestimmten Ideen überwältigt und gerät dabei in eine so nervöse Aufregung, dass er die richtige Form nicht finden kann.« Ist das neben

dem Desinteresse an Zeit- und Erzählökonomie eine Verbindung zwischen Dostojewski und Ihren Inszenierungen?
Das ist sicher ein Grund, weshalb ich mich so oft mit Dostojewskis Romanen beschäftigt habe. Das ist eine Schwellenliteratur. Sie nimmt sich nicht Zeit, etwas in der Ruhephase zu entwickeln, sondern orientiert sich an epileptischen Zuständen, am eruptiven Moment. Im Bruchteil einer Sekunde offenbart sich im epileptischen Anfall eine ganze Welt, die anderen Menschen verschlossen bleibt. Es sind diese Grenzsituationen, die die Menschen erst interessant machen. Menschen am Rand des Nervenzusammenbruchs, überhaupt Ausnahmezustände, sind für Theater immer interessant. Dass ich mich manchmal nach solchen Extremmomenten sehne, hat sicher auch mit der Langeweile dieser Gesellschaft zu tun.

Blut in Strömen wie bei den Azteken, in der Hoffnung, dass dann die Sonne besser scheint.

Klingt zynisch.
Kunst ist nicht mit Moral identisch. Diese Identifikation hatte ihren Sinn bei Schiller, in den »Briefen zur ästhetischen Erziehung«, aber damit fing auch die Pädagogisierung der Kunst an und die Angst. Wenn wir uns selber in der Kunst zensieren und mit Moral kastrieren, wird es trostlos. Das ist Fernsehen und deutsches Beziehungskino, in dem es nur um narzisstische Kleinbürgerbefindlichkeiten vom Prenzlauer Berg geht. In Frankreich hatte ich Diskussionen im Theater, weil ich eine nackte Frau unter einer Burka auf der Bühne haben wollte. Das haben einige Leute für skandalös gehalten. Aber bitte, wo ist denn da das Problem? Das ist etwas Karnevalistisches, ein anarchistisches Fest, bei dem die Ordnung der Welt umgekippt wird. Die Aufklärung war politisch sicher befreiend. Aber für jemanden, der Kunst macht, ist dieses durchrationalisierte Weltbild sterbenslangweilig. Desto mehr fühlt

man sich natürlich von diesem ambivalent-perversen Katholizismus angezogen. Natürlich lese ich Dostojewski als einen Porno. Bei seinem religiösen Wahn denke ich automatisch an Rasputin, die sexuelle Perversion gehört zum Ritus dazu. Andere Sekten brauchen die Selbstverstümmelung, um sich im Schmerz Gott nah zu fühlen.

Das werden Freunde einer etwas beschränkten politischen Korrektheit vermutlich nicht sehr sympathisch finden.
Ja, und? Diese Angst vor den Polen und Antinomien finde ich schrecklich. Das reaktionäre Denken ist in unserer Gesellschaft vorhanden, das muss man in gewisser Hinsicht zeigen. Ich mag an Berlin, dass es keine steinzeitreligiöse Stadt ist, in der irgendwelche Fanatiker mir vorschreiben, was ich sagen darf und was nicht. Auf der anderen Seite, wenn wir die einfachen Wahrheiten, »Du sollst Vater und Mutter ehren«, »Du sollst nicht töten«, vergessen, bleibt nur die egozentrische Selbstüberschätzung übrig.

Wenn Thomas Mann schreibt, Dostojewski sei ein »Vertrauter der Hölle«, könnte man etwas uncharmant sagen, dass Ihre Aufführungen mit der Hölle eher flirten, ein kokettes, cooles Spiel mit dem Abgrund, in den sich Dostojewski in seinen Romanen stürzt.
Klar, aber wie soll man das im Theater nachahmen? Die gestorbenen Frauen, die gestorbenen Kinder, Dostojewskis Epilepsie, die Armut, das Betteln vor einem schwadronierenden, reichen Turgenjew, all die Demütigungen, die Scheinhinrichtung – und dann auch noch empfinden, dass alles das, was ihm passiert, das Leben ist, ein Geschenk, bevor man wirklich in der Hölle landet oder im Gegenteil. Das muss man sich nicht unbedingt für sich selbst wünschen, aber natürlich konnte Dostojewski nur so schreiben, weil sein Leben so war, wie es war. Auch heute sind die Abgründe da, wir bemerken sie nur nicht. Ist ja schön, dass bei uns so lange Frieden war, aber das geht auf Kosten anderer Kontinente. Das ist ein Tanz auf dem Vulkan, kurz bevor er ausbricht. Das kann man im Großen sehen, wenn Europa Angst vor der Pleite hat oder sich am Alexanderplatz die Leute gegenseitig erschießen. Das

kann man genauso im kleinen Privaten sehen. Ich gehe als Flaneur durch den Prenzlauer Berg, dieses ökoterroristische Terrain, schwierig, wenn man keinen Kinderwagen vor sich herschiebt. Eine Bekannte, Lesbe, sagt, sie sitzt da und liest ein Buch und wird sofort mit Blicken angegiftet. Man geht durch die Straßen und sieht das Glück dieser Mittelständler zwischen Design und Werbung und Schauspiel und Mode. Wie lange wird das Glück halten? Irgendwann kommt die Krise und dann sucht man sich Alternativen, dann kommt die Paartherapie, die Scheidung, der Kampf um das Sorgerecht, die endlosen, sich ewig wiederholenden, beschissenen Gespräche. Dazu bin ich zu alt, darauf habe ich keine Lust mehr.

**Die Aufklärung war politisch sicher befreiend.
Aber für jemanden, der Kunst macht,
ist dieses durchrationalisierte Weltbild
sterbenslangweilig.**

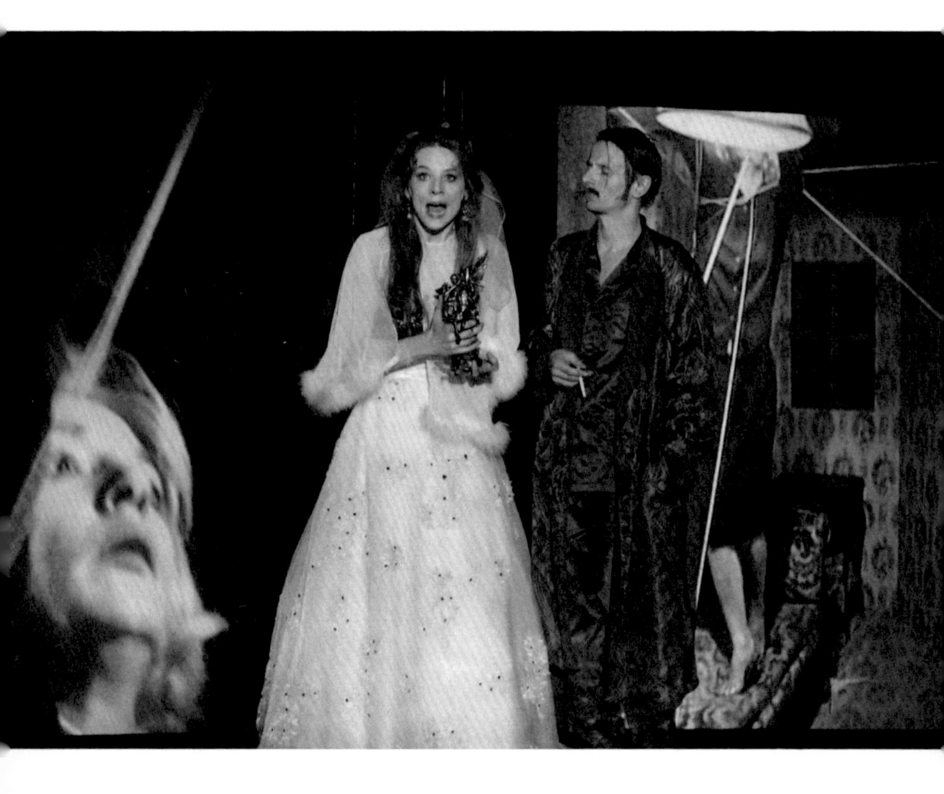

Hauptsache, man darf nicht »Neger« sagen, dann ist die Welt in Berlin-Mitte in Ordnung

Das Interview fand im Dezember 2013 im Vorfeld von Castorfs Balzac-Inszenierung »La Cousine Bette« statt.
Die im Interview formulierte Polemik gegen die Floskeln der politischen Korrektheit setzte sich u. a. mit überdeutlich ausgestelltem Blackfacing in der Inszenierung fort.

Lilith Stangenberg, Alexander Scheer und Jeanne Balibar in »La Cousine Bette« (2013)
Foto: Barbara Braun / MuTphoto

Herr Castorf, Sie haben in den letzten Monaten an der Volksbühne eine Erzählung von Tschechow, Richard Wagners kompletten »Ring« in Bayreuth und Célines Roman »Reise ans Ende der Nacht« in München inszeniert. Jetzt inszenieren Sie an der Volksbühne Ihre Fassung eines Romans von Balzac und im Januar hat Ihre Inszenierung von Hans Henny Jahnns »Die Krönung Richards III.« am Burgtheater Premiere. Wie geht es Ihnen mit diesem Arbeitspensum?

Ja *(schweigt)*. Naja *(schweigt)*. Das sind komplexe Stoffe *(schweigt lange)*. Ich habe ja immer aus der Überforderung gearbeitet. Das Schöne in Bayreuth war, dass ich zum ersten Mal vertraglich verpflichtet war, nicht unter siebzehn Stunden Aufführungsdauer zu bleiben. Natürlich riecht Bayreuth nach Seife, da hat der Geschichtsfatalist Heiner Müller recht. Aber mir war klar, dass es mich nicht interessiert, den Wagner wieder in die Reichskanzlei zu prügeln und das Hakenkreuz rauszuholen. Das Theater ist in Bayreuth eine höfische Institution. Ich meine das gar nicht negativ, aber Bayreuth hat mich schon sehr an die Strukturen in der Deutschen Demokratischen Republik erinnert. Ich bin in Bayreuth der pünktlichste Mensch der Welt geworden, das hat noch kein Theater und kein Mensch bei mir geschafft. Das ist der Erfolg der pädagogischen Bemühungen von Eva Wagner. Nach Bayreuth kommen die Menschen mit einer gewissen Pilger-Stimmung.

War Ihnen diese erhaben-feierliche Pilger-Stimmung der Wagnerianer suspekt?

Der Vorteil ist natürlich, dass man sich dort in Ruhe diesem Musiktheaterkunstwerk widmen kann, ohne den Verkaufsdruck des Repertoire-Theaters. Woanders wird Theater eher so als Begleitmittel fürs angenehme Leben genommen, deshalb erwartet man gerne ein Film- und Fernsehformat von neunzig Minuten. Vielleicht liegt das daran, dass die Menschen erschöpfter sind als früher und sich im Theater vor allem regenerieren wollen. Sie stürzen sich nicht mehr in die Kunst wie in ein Abenteuerland. Was wir früher oft gemacht haben, Sieben- oder Zwölf-Stunden-Abende, das wird schwierig.

Sollte Kunst etwas Exterritoriales jenseits der Alltagsroutine sein?
So war es ja auch mal bei den Griechen – etwas, um die Welt besser zu verstehen und um Gott näher zu sein. Theater hat in diesem Versuch, mit dieser Feier, die man macht, um sich selbst als Mensch besser zu verstehen, immer etwas Egozentrisches. In den guten Zeiten der Volksbühne war es eine größere Feier, die keinen ausgeschlossen hat. Heute hat Kunst vielleicht nur als etwas Partisanenhaftes eine Chance. Man kommt kurz von den Bergen runter, macht eine Strafaktion und zieht sich wieder zurück.

Bayreuth hat mich sehr an die Strukturen in der Deutschen Demokratischen Republik erinnert.

Sie sind neben Herrn Peymann einer der dienstältesten Berliner Intendanten. Das ist nicht unbedingt besonders partisanenhaft.
Ja, naja. Die Revolution ist ja meistens kurz und die Restauration kann sich dann sehr in die Länge ziehen. Da finde ich es wichtig, sich immer wieder an die Revolution zu erinnern, auch wenn Theater Luxus ist.

Zum Luxus Ihres Theaters gehört, dass Sie in Ihren fünfstündigen Aufführungen Zeit- und Erzählökonomien souverän ignorieren.
Verschwendung gehört zur Kunst. Balzac hat in zwanzig Jahren über achtzig Romane geschrieben, eine auf Hochdruck laufende Maschine, mit 51 stirbt er. Am Tag seines Todes hat er fast eine Million Franc Schulden. Aber er hat es geschafft, über diese ständige Arbeitsüberanstrengung tatsächlich auch Kunst abzusondern. Er redet nie über Kunst, er redet ständig nur über Geld und die Spekulation mit der Ware Kunst. Bei Balzac hat Kunstproduktion immer mit Geldgier und Lebensgier zu tun. Eine Figur wie die Josepha in »La Cousine Bette«, dem Roman, den wir grade machen, sieht mit zwölf Jahren ihre einzige Chance darin, ihren Körper zu verkaufen, eine Warenverkäuferin der Liebe.
Ihr Onkel war angeblich ein reicher Jude aus Deutschland, sie wächst

in der Armut auf und wird entdeckt als Körper. Ihr Liebhaber Hulot macht sie zur berühmten Grande Dame und Sängerin an der Pariser Oper. Sie wird aus der Prostitution ein gefeierter Star mit Glamour und Flitter. Damit ist sie ihrem Liebhaber gleichgestellt, sie verkauft sich an einen reicheren Gönner, der ihr die Staatsanleihen in einer Bonbon-Dose überreicht. Hulot kann noch froh sein, dass sie ihn verlässt, bevor ihn seine Liebe zu ihr völlig ruiniert.

Ein etwas paradoxer Vorgang: Prostitution als Weg der Emanzipation. Gefällt es Ihnen, dass bei Josepha, wie oft in Balzac-Romanen, die Grenzen zwischen Lebedame, Edelprostituierter und Opernsängerin, Schauspielerin verschwimmen?
Das ist deckungsgleich bis heute, Sexualität und Kunst, bis hin zum Hollywood-Klischee der Besetzungscouch. Im Theater geht es um dieses ambivalente Grenzreich der Sexualität jenseits eindeutiger Zuordnungen wie in der Pornografie oder der Prostitution. Bei Balzac ist das ganz offen, auch die Verbindung zwischen Sexualität, Geld und Kunst, anders als bei den Biedermeier-Deutschen mit ihrer sinneszerstörenden protestantischen Moral und Rechtschaffenheit. Bei Balzac wird das Triebhafte exzessiv ausgelebt. Der Hasardeur Hulot ist in seiner Gier nach Frauen, die ihn am Ende in den Ruin treibt, ein Selbstopfer. Diese Selbstverschwendung und Selbstzerstörung, die ewige Wiederkehr der Triebstrukturen, ist von einer Gnadenlosigkeit, die sehr ehrlich ist. Der Kaufmann Crevel, der erste Liebhaber Josephas, die Kontrastfigur Hulots, ist das Beispiel für den bigotten französischen Spießer, geizig, immer kalkulierend, ein dicker Parfümhändler, der genau ausrechnet, was ihn die Frauen, die er kauft, kosten dürfen.

Gefällt Ihnen dieser Lüstling Hulot in seiner Maßlosigkeit und Selbstzerstörung?
Er hat keinen Bausparvertrag für sein Leben, er bleibt in seiner Triebhaftigkeit der, der er immer war. Ich finde Renegaten so etwa das Unangenehmste, was ich kenne, und ein Renegat ist Hulot nicht.

Freut es Sie, dass die Anhänger der politischen Korrektheit ihre Freude an der Art haben dürften, mit der Sie hier über die Reize der Prostitution sprechen?
Es gibt eine Zensur des moralisierenden Mainstreams, die grade immer stärker wird und die gefährlich für die Freiheit der Kunst ist. Schon vor Jahren sagten Leute, die nichts von Fassbinder kannten, dass man sein Stück »Der Müll, die Stadt und der Tod« nicht spielen dürfe, weil es angeblich antisemitisch sei. Wenn man in Tel Aviv gegen Konzerte mit Musik von Richard Wagner demonstriert, kann ich das sogar noch verstehen, obwohl ich es falsch finde. Daniel Barenboim kämpft dafür, dass er in Israel Richard Wagner dirigieren kann. Das ist eine andere Position als die der Mehrheit der Ultraorthodoxen in Israel, die überwiegend aus Russland kommen und mit Wagner nicht so ausgesprochen viel zu tun haben. Am Deutschen Theater gab es offenbar große Aufregung, weil ein weißer Schauspieler schwarz angepinselt aufgetreten ist. Eine kleine Community hat im Namen der politischen Korrektheit dafür gesorgt, dass das geändert wurde. Das ist Zensur. Ich arbeite viel mit Schwarzen, und die haben natürlich eine völlig andere Art, auch eine andere Ironie, mit dem Kolonialismus und seiner Geschichte umzugehen, als diese deutschen Kleinbürger der politischen Korrektheit. Der Postkolonialismus verschwindet ja nicht dadurch, dass in Berlin-Mitte Verbote gegen bestimmte Vokabeln oder Theater-Spielweisen ausgesprochen werden.

Der Postkolonialismus verschwindet nicht dadurch, dass in Berlin-Mitte Verbote gegen bestimmte Vokabeln oder Theater-Spielweisen ausgesprochen werden.

Die Aktivisten, die sich über schwarz geschminkte Schauspieler am Deutschen Theater und an anderen Bühnen aufregten, fühlten sich an die US-amerikanischen Mistrel-Shows des frühen 20. Jahr-

hunderts erinnert, in der weiße Darsteller schwarz geschminkt und entsprechend kostümiert rassistische Klischees bedient haben. Was stört Sie an dieser Debatte?
Die Freiheit der Kunst wird mit solchen Verboten angegriffen. Das ändert an den Lebensverhältnissen und den Denkweisen in einer Plattenbausiedlung irgendwo am Stadtrand nichts. In Marzahn oder Anklam ist es als Schwarzer nicht ganz so einfach, in eine Bier-Kneipe zu gehen. Was diese Zensur will, ist, dass von der Bühne eine spießige Moral verkündet wird, wie im »Tatort«. Das ist ja auch nicht mehr Schimanskis »Tatort«, wo das Böse und das Kaputte zum Gesetzeshüter gehören wie die grüne Jacke, die er anhat. Nein, auch im »Tatort« muss die Geschichte inzwischen immer eine Moral haben.

So wird Kunst zum gefälligen Mittel, sich der eigenen moralischen Überlegenheit zu versichern.
Wir entfernen uns freiwillig immer weiter vom Irritierenden, vom Paradoxen der Kunst, zum Beispiel eines Céline. Wenn wir auf dem Theater nicht die Ressentiments, die vorhanden sind in Europa, aussprechen können, wird es gefährlich. Jeanne Balibar, die bei uns mitspielt, kommt aus Paris. Sie sagt, dass das Klima seit diesem kleinbürgerlichen Napoleon Sarkozy in Frankreich jeden Tag schlimmer und rassistischer wird. Von links bis rechts ist es eine Festungspolitik gegen die Armen aus Osteuropa oder Afrika. Dass sich die Roma aus Südosteuropa in Bewegung setzen und nach Paris marschieren könnten, macht diesen Kleinbürgern von Sarkozy bis Hollande Angst. Die offen rassistische Partei von Le Pen hat in Umfragen über zwanzig Prozent. Aber die Kunst muss politisch korrekt sein.

Im Theater hat überall so eine Seriosität gesiegt, verbunden mit einem ungeheuren Schuss Opportunismus und einem Verlust an Vitalität.

Glauben Sie, dass das politisch korrekt gesäuberte Bild der kulturellen Öffentlichkeit, in der bestimmte Ressentiments nicht mehr ausgestellt, sondern nur noch didaktisch und moralisierend entsorgt werden sollen, mit dem Anwachsen des realen Rassismus korrespondiert? Die Bilder werden immer adretter und die Wirklichkeit wird immer hässlicher?
Ja, klar – Hauptsache, man darf nicht »Neger« sagen, dann ist die Welt in Berlin-Mitte in Ordnung, auch im Theater. Ich erinnere mich an einen Film von Peter Zadek, der mich sehr erzogen hat, »Der Pott« von Sean O'Casey: Ärzte greifen mit ihren infizierten Fingern in Wunden. Das war ein Kunstwerk, das sich den gängigen Kategorien entzog, damals ein gigantischer Skandal im öffentlich-rechtlichen Fernsehen. So was war besonders, wie die Volksbühne in ihren Anfängen, mit Marthaler, mit Schlingensief. Das hatte eine Lebendigkeit, jetzt hat im Theater überall so eine Seriosität gesiegt, verbunden mit einem ungeheuren Schuss Opportunismus und einem Verlust an Vitalität.

Klingt melancholisch.
Ich bin nicht melancholisch, aber die Zeiten ändern sich halt.

Sie sind seit 21 Jahren Intendant der Volksbühne. Sind Sie gekränkt, weil Klaus Wowereit [2001–2014 Regierender Bürgermeister und Kultursenator Berlins] Ihren Vertrag nicht noch mal um zwei Jahre verlängert hat, oder sind Sie erleichtert, dass Ihre Intendanz in zweieinhalb Jahren endet?
In zweieinhalb Jahren? Stimmt, Sie haben recht. Naja, der Klaus und ich kennen uns so lange und wie oft in langen Beziehungen weiß man am anderen dann vielleicht nicht mehr das zu schätzen, was man schätzen sollte. Der Gewöhnungsprozess führt zu einer gewissen Form von Gleichgültigkeit. Vielleicht merkt man erst, was man hatte, wenn etwas zu Ende ist. Vielleicht sind der Klaus und der André …

… André Schmitz, der Kulturstaatssekretär, der in den 1990er Jahren Ihr Geschäftsführer an der Volksbühne war …

... vielleicht sind die beiden als zukunftsorientierte Politiker auch einfach froh, wenn sie mich nach so langer Zeit endlich los sind. Zu meinen im nächsten Jahr dann 22 Jahren kommen ja noch die hundert Jahre Volksbühne insgesamt, das sind für ein Theater Zeiträume, die sicherlich besonders sind. Man muss nicht bis ins Grab Intendant sein, und wenn Klaus eine Idee hat, was er mit der Volksbühne vorhat, soll er das machen, ich hab noch nichts von ihm gehört. Es wäre ja ganz schön, wenn es intelligent wäre, was mit diesem Haus passiert. [Castorfs Vertrag wurde dann doch noch einmal verlängert, bis 2017.]

Würden Sie Ihren Vertrag gerne noch mal verlängern?
Och, was soll ich sagen. Die Stadt verändert sich, ich bin noch hier und das ganz gerne, schon weil ich Berliner bin.

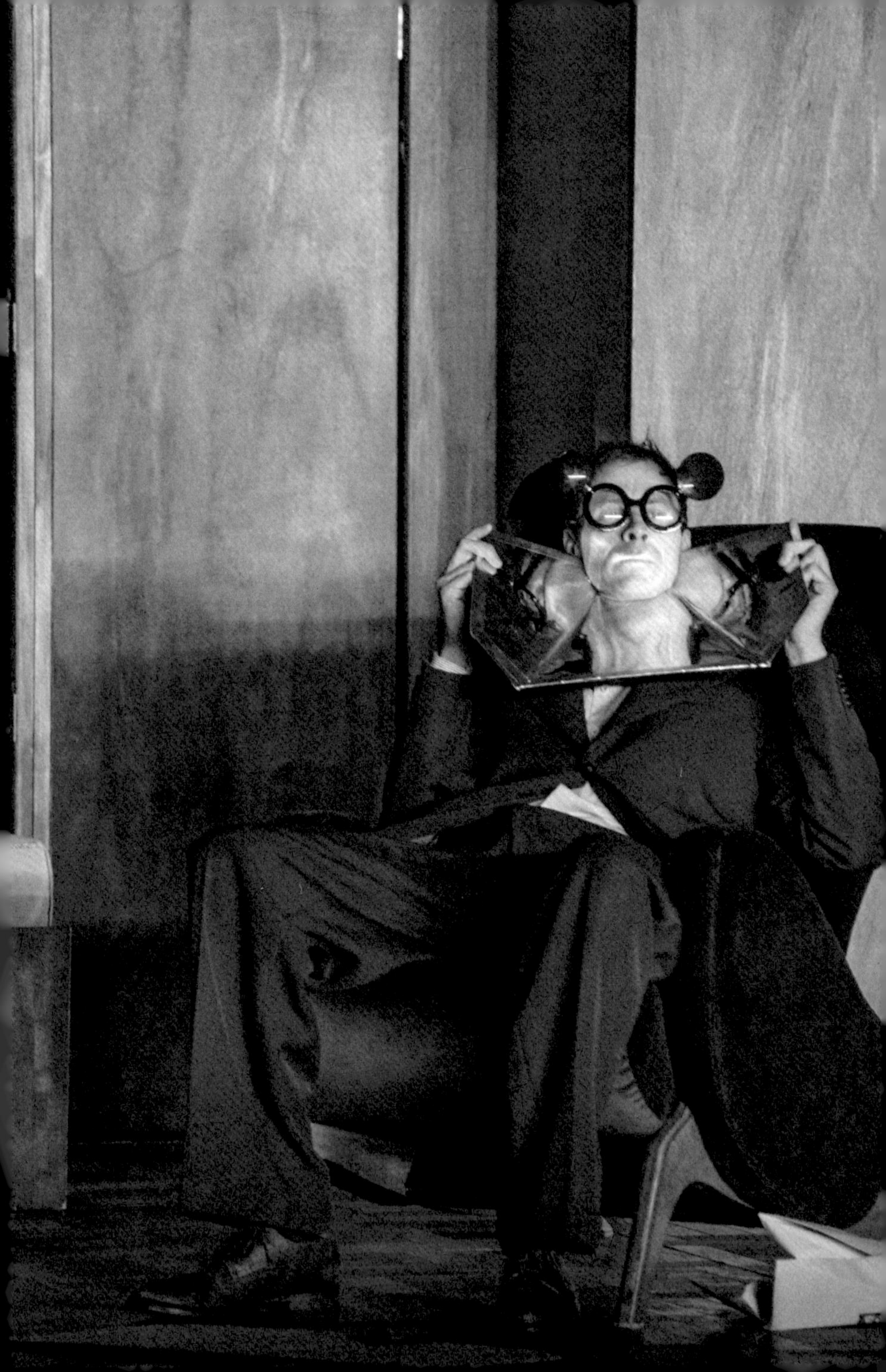

Am liebsten hätten sie veganes Theater

Zum Zeitpunkt des Interviews im September 2014 deutet sich an, dass Frank Castorfs Intendanz an der Volksbühne enden wird, wenn auch erst 2017 und nicht, wie in diesem Interview noch angenommen, bereits 2016. Berlins damals neu berufener Kulturstaatssekretär Tim Renner, der entscheidet, Castorfs Vertrag nicht zu verlängern, demonstriert mit seinen öffentlichen Äußerungen eine bemerkenswerte Ignoranz gegenüber dem Theater.

Marc Hosemann in »Baumeister Solness« (2014)
Foto: Marcus Lieberenz / bildbuehne.de

Herr Castorf, in Ihrer letzten Volksbühnen-Inszenierung tauchte Klaus Wowereit als Figur auf. Die rief: »Ich bin der Klaus, ich geb' nie auf!« Werden Sie den vor kurzem zurückgetretenen Wowereit als Regierenden Bürgermeister vermissen?
Wir sind ja beide als Außenseiter angetreten. Ich mag seine Lust am Leben, den Sinn für Humor, auch die Penetranz. Klaus war immer eine angenehme Singstimme. Ich glaube, er war ein Glücksgriff für die Stadt, ein proletarischer Junge aus dem Westen Berlins. Die Gespräche mit ihm waren ziemlich schnell und wach, sehr berlinerisch. Vielleicht mag er privat lieber Boulevardtheater, aber er hat verstanden, dass die Volksbühne etwas Besonderes ist. Er kam auch mit der Pöbelei zurecht, die mir eigen ist. Meine Mutter mag ihn auch sehr. Sicher werde ich Wowereit vermissen, wie ich auch den kurzzeitigen Wirtschaftssenator Gysi vermisse, der klug genug war, sofort jede Bonusmeile zu benutzen, um seinen Senatorenjob wieder loszuwerden.

Wie hat sich Berlin in den dreizehn Wowereit-Jahren verändert?
Ich komme aus dem Prenzlauer Berg. Jetzt sieht man da viele Menschen aus der gleichen sozialen Schicht, mit den gleichen Interessen, der gleichen Zukunftsgewissheit und dem gleichen Bewusstsein, wie man sich zu ernähren hat. Am liebsten hätten sie veganes Theater. Berlin ist touristischer geworden. Manche Besucher ärgern sich vielleicht, dass die Fußgängerzonen nicht so wohlgeordnet sind wie in Recklinghausen, aber auch darüber kann man hinwegkommen. Gestern saßen wir in einem Café am Hackeschen Markt, wo ich sonst nie sitze. Prompt wurde meiner Freundin von einem südeuropäisch wirkenden Menschen ihr Smartphone gestohlen. Anderen geht es schlechter als uns. Und Menschen, die in Cafés am Hackeschen Markt sitzen, können den Verlust eines Smartphones verkraften.

Katharina Thalbach meinte neulich, sie wünsche sich ihr altes »Piss-Berlin« zurück. Geht es Ihnen manchmal ähnlich?
Ja, sicher. Wo ich aufgewachsen bin, sah man noch die Einschusslöcher aus dem Krieg an den Häusern. Das war dieses alte, untergegangene

Berlin, das Zeitmuseum der U-Bahnhöfe, da dachte man an die guten Agentenfilme. Jetzt wird Berlin wie überall. Das merkt man spätestens, wenn man an den Potsdamer Platz kommt. Das ist die kleinbürgerliche Minimal-Variante von Metropolis, etwa so aufregend wie die Innenstadt von Stuttgart oder Frankfurt.

Ist die große Berliner Kulturszene, unabhängig von den jeweiligen Inhalten, ein Teil des Stadtmarketings im neuen, leicht glamourösen Berlin?
Das ist so. Das zu registrieren ist natürlich schmerzhaft, wenn man 1990 mit Aufführungen wie den »Räubern« an der Volksbühne in die offenen Wunden des Nachwende-Berlin gestoßen ist. Das war eine Stadt, die nicht schlafen gegangen ist. Diejenigen, die in der Zeit exzessiv gelebt haben, vielleicht noch mit der Erinnerung an Iggy Pop oder Rio Reiser, sind gestorben oder alt geworden. Jetzt rücken andere nach. Berlin war immer eine Zuwanderungsstadt, früher kamen sie aus Schlesien, Polen oder der Türkei, heute kommen sie aus Spanien oder Schwaben. Man denkt an das berühmte Bibel-Zitat bei Dostojewski: »Dass du doch heiß oder kalt wärest, aber du bist lau.« Lau heißt heute cool. Es ist bequem geworden, hier anarchistisch zu sein. Deshalb inszeniere ich Stoffe von Céline oder Malaparte, Autoren, die keine guten Demokraten waren. Es muss Auditorien geben, die sich der Selbstgefährdung widmen.

Kein Kulturpolitiker, der heute solche Entscheidungen zur Zukunft der Volksbühne trifft, ist noch im Amt, wenn man irgendwann die Folgen seiner Entscheidungen bemerkt.

Macht es Ihnen Spaß, die amoralischen Autoren als Kontrastprogramm zum Berlin der Veganer zu inszenieren?
Das ist etwas Psychopathogenes. Wenn alle weiß gut finden, hätte ich es gerne schwarz. Man muss manchmal wie ein Kind reagieren, weil diese Gesellschaft so pädagogisch daherkommt und einem dauernd erklärt, wie man möglichst friedlich leben kann. Das ist eine schöne Illusion, aber es ist unmenschlich, wenn man weiß, was in dieser Welt passiert. Rumänen oder Bulgaren klauen das Smartphone meiner Freundin nicht, weil sie Apple toll finden, sondern weil sie Hunger haben.

Fühlen Sie sich in diesem neuen Berlin manchmal wie ein Dinosaurier, ein Überbleibsel aus einer anderen Zeit?
Wenn man der Letzte ist, wird man vielleicht wieder der Erste sein. Das Mittelschichtsbewusstsein vom Prenzlauer Berg mit dem Gefühl, uns kann nichts passieren, ist vielleicht nur ein Zwischenstadium. Das Aufwachen, wenn man merkt, dass man nicht in dem Land lebt, das man sich gewünscht hat, kann ein krasses Erlebnis sein. Es ist ja kein ganz neuer Gedanke, dass man nicht in der Gesellschaft der Freiheit lebt, sondern in der der Freizeit. Und die Freizeit gilt es effektiv auszugestalten. Wenn man zu lange in Berlin ist, ist es nicht wirklich schön. Ich wohne an den Hackeschen Höfen. Es hat etwas Theatralisches, wenn man mit den Edeka-Tüten nach Hause kommt, und alle Touristen haben was zu gucken. Dieser Zoo-Charakter ist ganz interessant.

Ihr Intendanten-Vertrag an der Volksbühne läuft 2016 aus. Tut Ihnen Ihr Nachfolger jetzt schon leid?
Es gibt natürlich immer viele Agenten der Mittelmäßigkeit. Vieles von dem, was wir gemacht haben, ist verwässert und zum Allgemeingut geworden. Jeder setzt sich aus vorhandenen Stil-Bausteinen etwas zusammen und ist der Meinung, er sei selber Künstler. Ein Bewusstsein von Qualität, wenn man so was in der Kunst überhaupt noch reklamieren darf, geht völlig verloren. Man wird die Lücke nicht bemerken, sie wird sofort mit Coca-Cola gefüllt, mit irgendeinem Lebensgefühl, wo man sagt, das ist doch auch ganz hübsch.

Berlins Kulturstaatssekretär Tim Renner, der sich dafür entschieden hat, Ihren Vertrag nicht zu verlängern, sagt, so etwas wie die Band Rammstein wäre eine interessante Perspektive für Ihr Theater.
Man kann ja viel sagen. Es ist natürlich nicht einfach, sich in all diesen Theatern zurechtzufinden. Ich finde es positiv, dass er versucht, etwas zu verstehen, was ihm erstmal fremd ist. Dann bleibt das Problem, das Besondere auch zu erkennen. Nur die Nicht-Vision zu verwalten, ist auf Dauer ein bisschen wenig, und freundliche Besitzstandswahrung als Ersatz von Kulturpolitik nicht sehr aufregend.

Was ist schlimmer, Kulturpolitiker, die keine Ideen haben, oder solche, die keine Ahnung und die falschen Ideen haben?
Wenn hier jemand Rammstein haben und aus der Volksbühne einen Probenraum machen will, bitte sehr. Das sind die Tagträume eines Musikmanagers. Kein Kulturpolitiker, der heute solche Entscheidungen zur Zukunft der Volksbühne trifft, ist noch im Amt, wenn man irgendwann die Folgen seiner Entscheidungen bemerkt. Das ist normal. Ob die Verteidigungsministerin so viel von Militär versteht, weiß man ja auch nicht.

Man wird die Lücke nicht bemerken, sie wird sofort mit Coca-Cola gefüllt, mit irgendeinem Lebensgefühl, wo man sagt, das ist doch auch ganz hübsch.

Ist für Sie wirklich in zwei Jahren Schluss an der Volksbühne?
Ich bin ganz gerne hier, das habe ich auch Wowereit gesagt. Wenn die Politik will, dass es noch etwas weitergeht, können wir darüber reden. Ich habe mal gesagt, dass ich aufhören will. Aber das Schöne ist, dass man sich bei mir auf nichts verlassen kann. Ich mache vieles nicht aus einer Überlegung heraus, sondern aus Intuition. Aber irgendwann ist immer Schluss, dann wird Platz für etwas Neues.

»Damit etwas kommt, muss etwas gehen«, hat Heiner Müller gesagt. Es wäre schön, wenn an der Volksbühne etwas entstehen würde, worüber ich mich freuen kann und das stärker ist als ich. Arnolt Bronnens »Vatermord« ist ein Text, der sicher viele junge Künstler gefreut hat. Was dieses Haus ausmacht, ist die Autonomie, nicht nur künstlerisch, auch in der Eigenverantwortung der Werkstätten zum Beispiel. Es gibt ein großes Zusammengehörigkeitsgefühl, das gefällt mir einfach. Es ist schön, dass Christoph Marthaler jetzt wieder hier arbeitet, das ist ein sehr besonderer Künstler. Davon gibt es zu wenige. Die Politik kann mit der Volksbühne ja machen, was sie will. Ich habe woanders genug Regie-Angebote.

Gibt es trotzdem eine Volksbühnen-Tradition, die gewahrt bleiben sollte?
Ich kenne dieses Theater seit den 1970er Jahren, hier waren Leute wie Benno Besson, Fritz Marquardt und Heiner Müller. Früher hat Piscator hier linksradikales Theater gemacht. Ich bin ein Traditionalist dieses Theaters. Bei der Entscheidung über die Zukunft der Volksbühne muss man diese Geschichte einbeziehen. Das kann man nicht einfach auslöschen, wie man die Geschichte des Brecht-Theaters am Berliner Ensemble ausgelöscht hat.

Alexander Kluge nennt das den »Angriff der Gegenwart auf die übrige Zeit«. Droht das auch der Volksbühne?
Ja, klar. Aber dieses Haus verlangt architektonisch eine andere Kraft, hier kann man kein bürgerliches Kammertheater machen. Hier muss man besondere Signale senden, um zu zeigen, dass man lebt.

Können Sie sich vorstellen, nur als freier Regisseur zu arbeiten?
Das mache ich ja, in Bayreuth, in Wien, in Hamburg, in München, demnächst in Stuttgart. Man ist dann wie ein Auftragskiller. Ich bin ein Gast, aber ich komme immer von der Volksbühne.

Würden Sie gern das Burgtheater übernehmen?
Das ist das Schlimmste, was ich mir vorstellen kann. Als müsste man ständig in einer Operette mitspielen, furchtbar. Die Wiener haben mit Matthias Hartmann das bekommen, was sie immer wollten. Ich sage nicht, dass mir das gefällt, man kann sich in etwa vorstellen, was ich darüber denke. Um das Burgtheater leiten zu wollen, muss man sein wie Peymann oder Hartmann, das bin ich nicht.

Einer der drei SPD-Kandidaten für die Nachfolge von Wowereit als Regierender Bürgermeister wird wohl auch Kultursenator werden, zumindest bis zur nächsten Wahl. War einer der drei mal in der Volksbühne?
Och, die haben alle einen guten Geschmack. Ich glaube nicht, dass die in die Volksbühne gehen.

Es wäre schön, wenn an der Volksbühne etwas entstehen würde, worüber ich mich freuen kann und das stärker ist als ich.

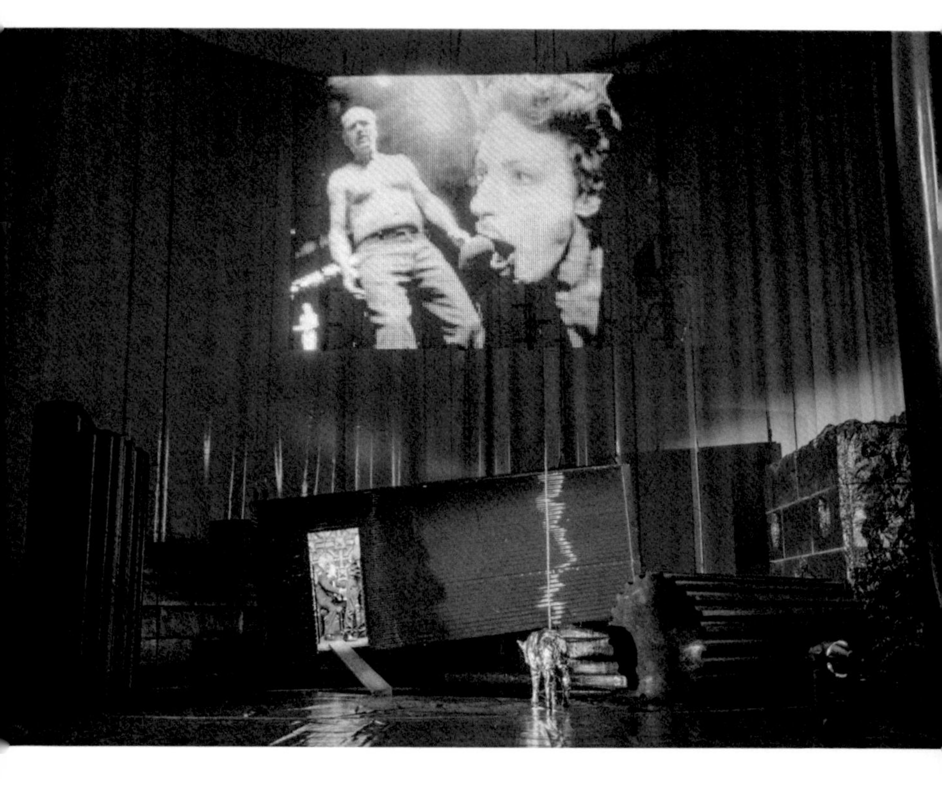

Technik des Staatsstreichs

Das Interview wurde im Oktober 2014 im Vorfeld der Premiere von Frank Castorfs Inszenierung »Kaputt« nach dem Roman von Curzio Malaparte geführt.

Horst Günter Marx und Jeanne Balibar in »Kaputt« (2014)
Foto: Marcus Lieberenz / bildbuehne.de

Herr Castorf, Sie inszenieren wieder mal einen moralisch fragwürdigen Autor, den Mussolini-Anhänger Curzio Malaparte. Erst Céline, jetzt Malaparte – müssen es immer diese anrüchigen Dunkelmänner sein?
Das sind Biografien des 20. Jahrhunderts, Rechtsrevolutionäre wie Ernst Jünger, Carl Schmitt, auch Malaparte, der in den zwanziger Jahren Futurist und Faschist war. Nach dem Krieg, in den fünfziger Jahren, wird er Mao-Verehrer und verschenkt seine Villa auf Capri an das chinesische Volk. Er war sicher kein lupenreiner Demokrat und Antifaschist. Aber diese Leute gehören zu unserem kulturellen Background, dessen sollte man sich bewusst sein. Anfang der dreißiger Jahre schreibt Malaparte eine »Technik des Staatsstreichs«, eine Gebrauchsanweisung für Putschisten. Hitler taucht im »Staatsstreich« als kleiner, teigiger Kostgänger Mussolinis auf, da hat ihn Malaparte schwer unterschätzt. Die Nationalsozialisten haben das Buch verbrannt. Es gibt ein berühmtes Foto von Castro, wie er als Guerillero in den Bergen sitzt und die »Technik des Staatsstreichs« liest. Als das Militär 2002 in Venezuela gegen Hugo Chávez putscht, schickt Castro dem Genossen Chávez aus seiner Bibliothek Malapartes »Staatsstreich«, damit er weiß, wie er das beim nächsten Mal verhindert.

Machen Ihnen diese amoralischen Autoren gerade im gemütlichen, politisch korrekten Berlin besonders Spaß?
Ja, klar. Es ist auch schön, dass ein Schauspieler wie Horst Günter Marx in der Aufführung mitspielt. Der ist mir vor dreißig Jahren in Anklam direkt von der Bühne verhaftet worden, als wir »Trommeln in der Nacht« zusammen gemacht haben. Er musste für zwei Jahre ins Gefängnis. Ich will nichts romantisieren, aber ohne die Erfahrung als junger Künstler mit einer sehr autoritären Gesellschaft, die den Einzelnen zerbrechen will, würde mir was fehlen, glaube ich. Als junger Künstler muss man das, was etabliert ist, nicht nur das Deutsche Theater, auch die Volksbühne, töten wollen. Anders geht es gar nicht. Man muss sagen: Ich will die killen. Wenn die Freie Szene diese partisanenhafte Aggression nicht hat, kann sie sich gleich verbeamten lassen. Der radikale

Bruch in meiner Biografie, als meine Inszenierungen verboten wurden, das war wichtig. Ich habe mir noch mal das Video von »Othello« angeschaut, die Aufführung ist 1982 nach der Premiere in Anklam verboten worden. Ich war echt erstaunt, was man damals gemacht hat, mit Silvia Rieger, Hendrik Arnst, Horst Günter Marx.

Jetzt reden Sie wie ein alter Mann, der sich über die Heldentaten seiner Jugend freut.
Ist ja auch so. Wenn ich die alten Inszenierungen heute sehe, bin ich wirklich erstaunt. Aber nicht nur bei meinen eigenen Sachen. Eine Inszenierung wie »Leonce und Lena«, die Jürgen Gosch 1978 hier an der Volksbühne gemacht hat, bevor er rausgedrängt wurde und in den Westen ging – das war atemberaubend. Ein großes Kunstwerk, nicht nur ein Zeitzeichen.

Ohne die Erfahrung als junger Künstler mit einer sehr autoritären Gesellschaft, die den Einzelnen zerbrechen will, würde mir was fehlen.

Sie inszenieren Malapartes »Kaputt«. Der Kolportage-Roman, erschienen 1944, zeigt ein düster schillerndes Panorama Europas am Ende des Zweiten Weltkriegs. Was interessiert Sie daran?
Was Malaparte schreibt, ist eine provozierende Literatur, die nicht aufarbeiten will, die sich auch nicht den Aporien des Holocaust stellt. Das Warschauer Ghetto kommt in Malapartes Roman vor, aber noch nicht die industrialisierte Massenvernichtung von Millionen Menschen. Er geht mit dem schwarzen Engel der SS durch das Ghetto in Warschau und sagt, früher lebten hier 200 000, jetzt vegetieren hier anderthalb Millionen Juden. Er sieht dieses Grauen, aber er kann wieder gehen. Er hat kein Geld dabei, keine Zloty, er schenkt einem hungernden Mädchen seine kubanische Havanna, ein Sinnbild der Dekadenz.

Malaparte war Kriegsreporter, er beschreibt den Krieg als »objektive Landschaft«, aber er genießt auch die mondänen Salons, die Bankette, die Herrenreiter-Perspektive auf den Krieg.
Ja, das Essen, die Dekadenz, sein enzyklopädisches Wissen um die Malerei, die Musik – das trifft auf die härteste Gefährdung und Barbarisierung des Menschen. Das ist etwas, was Malaparte mit einer schockierenden Schnitt-Technik der Ästhetisierung macht. Adorno sagte, nach Auschwitz könne man keine Lyrik mehr schreiben. Das stimmt offenbar nicht. Vielleicht sind es diese Gebiete des absoluten Tabubruchs eines Malaparte, die uns überhaupt noch wachrütteln können. Malapartes nächster Roman nach »Kaputt« hieß »Die Haut«, und das ist das Einzige, was wir wirklich haben, unsere Haut. Wenn es uns an die Haut geht, egal wie, werden wir stark sensibilisiert. Das ist besonders und wieder zu entdecken. Es gab ja die Wellen der Malaparte-Rezeption. In den vierziger, fünfziger Jahren war »Kaputt« ein europäischer Bestseller. Die letzte Malaparte-Wiederentdeckung hat Heiner Müller angestoßen, als er 1989 über Malapartes Frontberichte geschrieben hat. Müller interessiert, was der Marxist Karl Korsch, ein Freund Brechts, über den Zweiten Weltkrieg, den »Blitzkrieg« schreibt: Das sei »gebündelte linke Energie«. Diese Sicht des Krieges findet Müller bei Malaparte, der Maschinenkrieg als Fortsetzung der Industriearbeit. Das ist die Figur des Arbeiters bei Ernst Jünger.

Ist es auch ein Roman darüber, wie zerbrechlich Zivilisation ist?
Ganz bestimmt. Wir erleben wieder die europäische Burg-Mentalität. Das ist ein Céline-Gedanke: Wir in der Burg Europa müssen zusammenhalten, gegen den Ansturm des Asiatischen, des Anderen, des Afrikanischen, des Hebräischen, des Russischen. Das zu sagen gehört sich nicht, aber genau das macht Europa. Notfalls werden seltsame Figuren, zum Beispiel in der Ukraine, mit dem Adelsschlag zu demokratischen Rittern erhoben, wenn wir glauben, dass sie uns gegen diesen Ansturm nützen. Wir leben nicht mehr in der alten Ordnung der Pole Washington-Moskau. Dieser Zustand war furchtbar, aber die Welt war geordnet. Jetzt erleben wir im Prinzip einen Zustand des permanenten Weltkrie-

ges. Der Krieg, zum Beispiel um die Ressourcen, hat nie aufgehört. Man sieht Soldaten und weiß nicht, ob man auf einer Modemesse ist. Die Camouflage-Hosen, die Ray-Ban-Sonnenbrillen, die Fahrzeuge – alles ist auch Design, Lifestyle, Pop. Der Krieg ist schick und die Mode ist militärisch. Gleichzeitig ist Krieg härteste menschliche Realität, in der Frauen, Kinder, Männer, Alte umkommen, auch direkt an den Grenzen Europas. Je mehr umkommen, desto stärker wird sich diese Burg Europa abschotten. Dieser scheinbare Frieden, in dem wir leben, solange wir die Augen zumachen und die Zugbrücke hochgezogen bleibt, ist sehr fragil. Wir wissen nicht, ob die vielen kleinen und großen Brandherde zum Flächenbrand werden, auch durch die Entflammbarkeit des Treibstoffs des Glücks, des Goldes, des Erdöls.

Wir in der Burg Europa müssen zusammenhalten, gegen den Ansturm des Asiatischen, des Anderen, des Afrikanischen, des Russischen. Das zu sagen gehört sich nicht, aber genau das macht Europa.

Das Erdöl war ja auch Ihre Übersetzung für das Gold des Nibelungen-Schatzes, als Sie in Bayreuth den »Ring« inszeniert haben.
Ja, das war nicht uninteressant, da zu arbeiten. Ich mag es ja sehr, mit Leuten, die in diesen Grenzbereichen leben und denken, so etwas zu machen. Das Schöne war, dass man das nicht irgendwo marginal machen konnte, sondern an einem zentralen Haus. Aber ich glaube, man muss sich der Oper wohldosiert nähern, wenn man nicht gerade Ruth Berghaus ist.

In der letzten Spielzeit hat sich der Regisseur Vegard Vinge im Prater eingeschlossen, das gesamte Gebäude mit großem Aufwand

umgebaut und dann die geplante Aufführungsserie nach ein paar Vorstellungen abgebrochen. Darüber dürften Sie sich als Intendant nicht besonders gefreut haben. Was fasziniert Sie so an Vinges Extrem- und Exkrement-Kunst?
Ich bin ja nicht der typische Intendant, der sich jeden Tag Gedanken um seine Belegschaft macht. Ich habe mal gesagt, ich bin nicht nur ein guter Vater. Aber manchmal ist es auch gut, wenn man den Vater nicht zu oft auf der Pelle hat. Vinges Exerzitien finde ich wichtig und etwas Besonderes. Ich hoffe, dass uns Vinge irgendwann etwas zeigen wird, was wieder andere Zeit-Raum-Dimensionen von Theater erfahrbar macht. Vielleicht muss man so unabhängig sein wie Vinge, jemand, der aus einem Land kommt, das den Krieg und die Deutschen erlebt hat, Norwegen. Wowereit sagt zu mir, Frank, sei mir nicht böse, aber irgendwann muss Theater doch auch mal spielen und zu sehen sein. Ich sage, im Prinzip hast du recht, aber wenn man aus Norwegen kommt und wirklich Avantgardist ist, dann, glaube ich, nicht unbedingt. Wowereit hat gelacht, aber er ist als Regierender Bürgermeister wahrscheinlich anderer Meinung.

Als junger Künstler muss man das, was etabliert ist, nicht nur das Deutsche Theater, auch die Volksbühne, töten wollen.

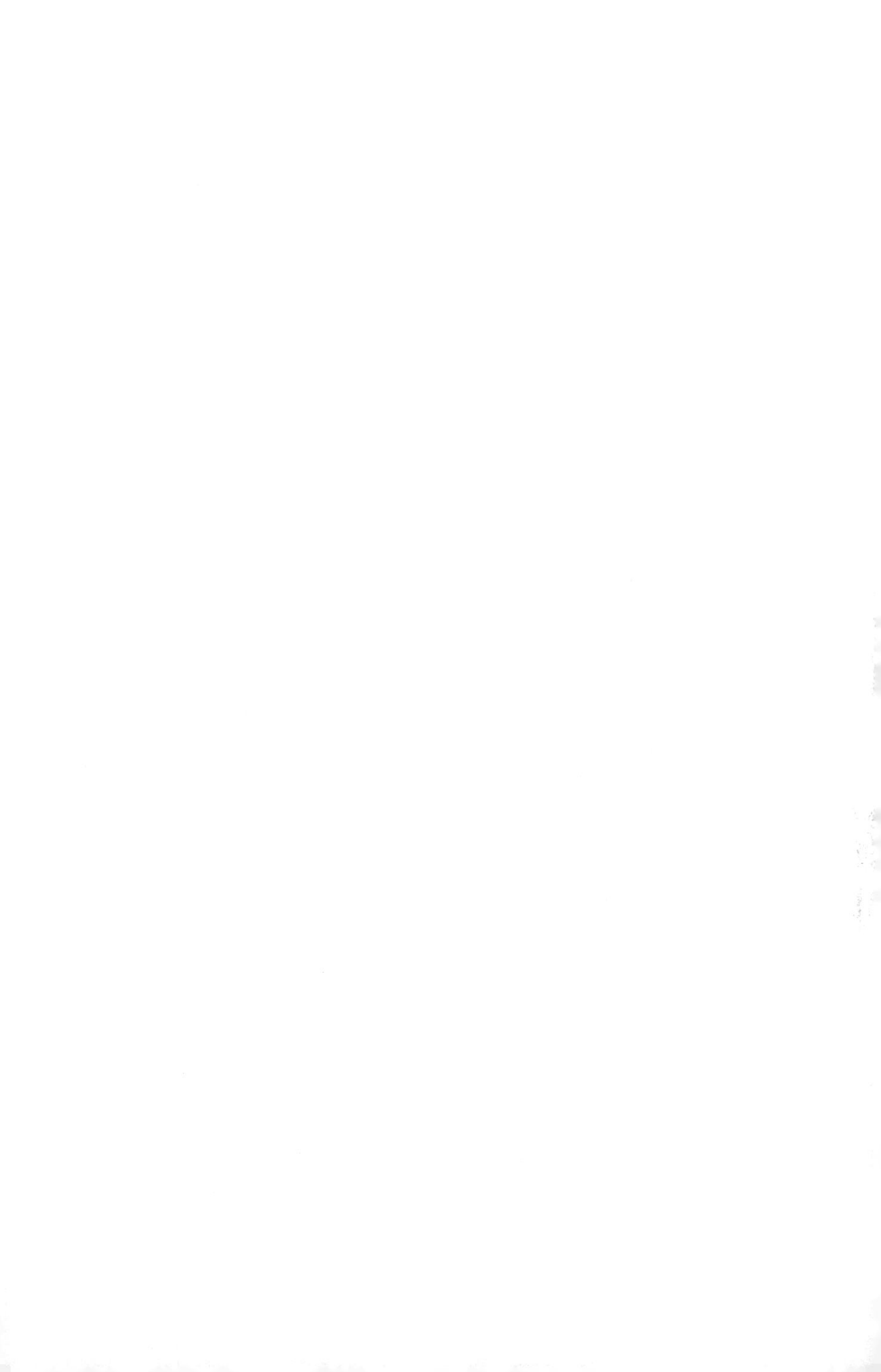

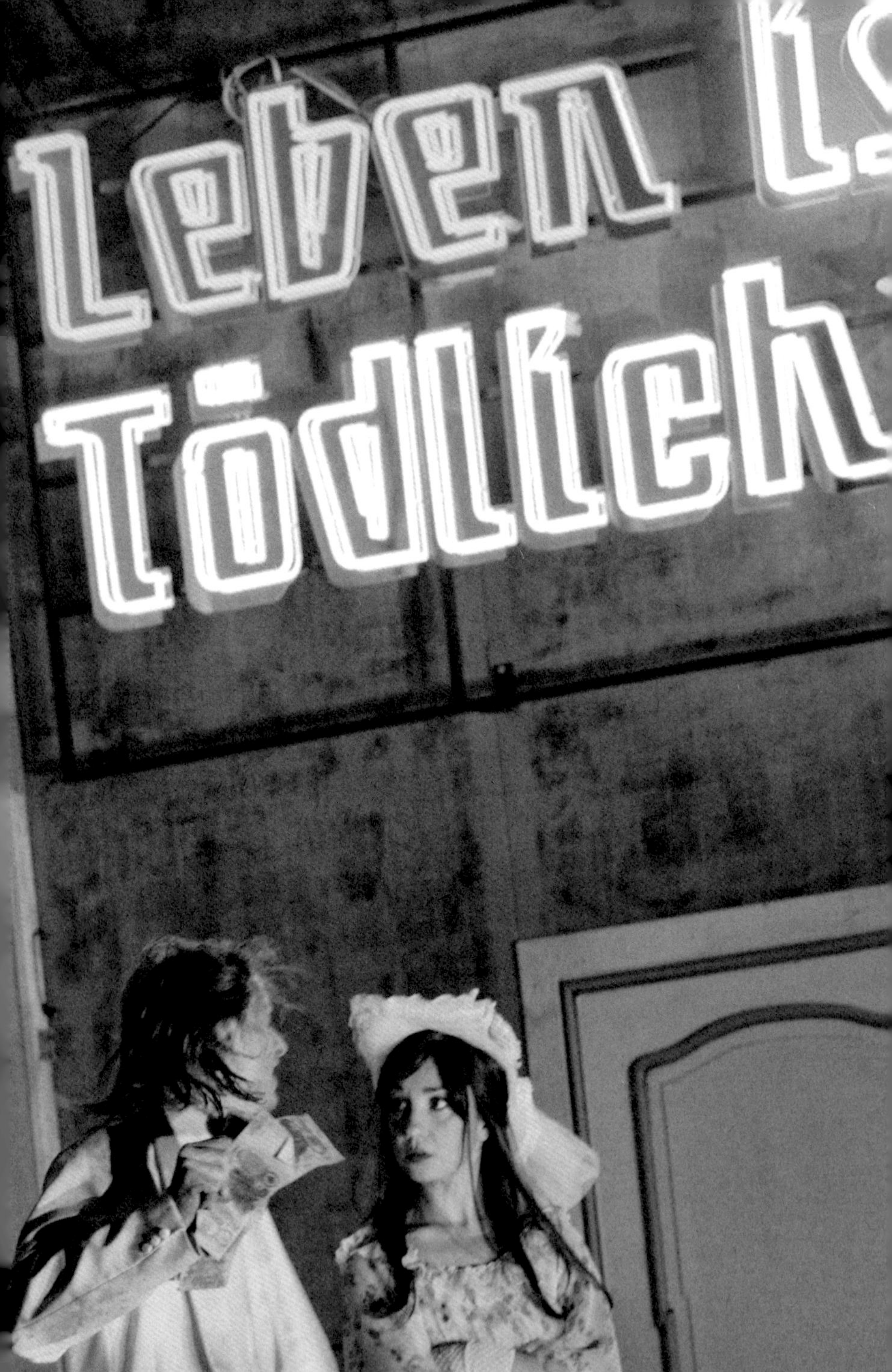
Leben
Tödlich

Man braucht Konflikte, um sich zu verständigen

Im Juni 2017, im letzten Monat der Intendanz Frank Castorfs, war die Volksbühne zu Gastspielen in China, Spanien, Frankreich und Griechenland eingeladen.
Im Anschluss an eine Vorstellung von Castorfs Dostojewski-Inszenierung »Der Spieler« beim Athens Festival, kurz nach Mitternacht, stellte sich der Regisseur einem Publikumsgespräch.

Alexander Scheer und Kathrin Angerer in »Der Spieler« (2011)
Foto: Marcus Lieberenz / bildbuehne.de

Herr Castorf, ziemlich zu Beginn Ihrer Volksbühnen-Intendanz hat Heiner Müller Ihnen und der Belegschaft des Hauses einen freundschaftlichen Brief geschrieben, in dem sich ein sehr prinzipieller Satz findet: »Theater, denen es nicht mehr gelingt, die Frage ›Was soll das?‹ zu provozieren, werden mit Recht geschlossen.« Wenn Theater nicht für Irritation, Befremden oder Überforderung sorgt, braucht man es eigentlich nicht. Gehört diese aus den unterschiedlichsten Richtungen gestellte, leicht genervte Frage »Was soll das?« zu Ihren 25 Jahren an der Volksbühne?

Wichtig für die Volksbühne war, dass man den Zuschauer nicht nur mag, sondern auch hasst. Es braucht eine gesunde Feindschaft zwischen der Bühne und dem Publikum. Man braucht Konflikte, um sich verständigen zu können. Das gilt sicher auch für die Gesellschaft als Ganzes. Vielleicht ist es eine große Chance für Europa, dass wir heute Dinge aussprechen, die vor zehn Jahren, als es allen gut ging, in dieser Deutlichkeit nicht ausgesprochen wurden. Ich glaube, es ist wichtig, wieder zu wissen, dass es einen Unterschied zwischen arm und reich gibt, und dass Arme und Reiche nicht die gleichen Interessen haben. Das ist wichtiger als das politisch korrekte Gerede, dass links gut und rechts böse sei. Die Verlogenheit dieser bürgerlichen Selbstgefälligkeit ist erschreckend. Plötzlich geht es wieder um Extreme, wie in »Nord«, dem Roman eines merkwürdigen Autors, den wir an der Volkbühne vor zehn Jahren gemacht haben. Dieser merkwürdige Autor ist Louis-Ferdinand Céline, bei dem man nie weiß, ob er ganz rechts oder ganz links oder beides ist. Wir haben an der Volksbühne solche Konflikte, wie sie jetzt ausbrechen, mit dem Interesse an Extremfiguren wie Céline oder Dostojewski antizipiert.

Ohne Konflikte kein Theater?

Das Theater ist der Ort, an dem man sich widerspricht. Dafür ist es eigentlich da. In Griechenland fing alles an, vor zweieinhalbtausend Jahren. Der Beginn eines Theaters des Konflikts, wie wir es seit Aischylos und Sophokles kennen, fällt zusammen mit der Entstehung der Demokratie. Ohne Konflikte, die öffentlich ausgetragen werden, keine

Demokratie. Wir vergessen das leicht vor lauter Konsens. Athen war eine Sklavenhaltergesellschaft, die Demokratie war eine Sache der Privilegierten und Ausbeuter. Die Rechnung zahlt die Unterschicht, sie ist heute global. Heiner Müller wusste, weshalb er den Versprechen eines demokratischen Europas nicht traute. Wenn wir an der Volksbühne etwas hassen, ist es der Konsens. Gegen diese Gier nach Übereinstimmung kann sich auch der Konflikt mit dem Zuschauer richten, den man mit dem uralten Medium des Theaters manchmal verstören kann. Wir sind längst Außenseiter, die Theater sind alle nicht mehr wichtig, aber der Schrei ist manchmal wichtig. Es gibt einen Autor des Schreies, das ist Dostojewski.

Wichtig für die Volksbühne war, dass man den Zuschauer nicht nur mag, sondern auch hasst.

Dostojewski ist der zentrale Autor Ihrer Zeit an der Volksbühne. Er hatte Sympathien für Sozialrevolutionäre, aber er war vermutlich nicht das, was man heute einen liberalen Demokraten nennen würde, also jemand, der an fairen Interessensausgleich glaubt. Das sind Sie auch nicht unbedingt, oder?
Deutschland hält sich für eine liberale Demokratie. Manchmal schämt man sich dafür, aus Deutschland zu kommen. Ich höre, dass Theater in Griechenland nicht mehr finanziell unterstützt werden. Viele Theatergruppen in Griechenland verdienen kaum etwas oder nichts mit ihrer Kunst. Der Staat muss sparen, um die Vorgaben der Troika zu erfüllen. Theater hat die gleiche Funktion wie das Kind in Andersens Märchen »Des Kaisers neue Kleider«, das immer sagt, der Kaiser ist nackt. Ich glaube, in Griechenland kann man sehr viel deutlicher als in anderen Ländern Europas sehen, dass der Kaiser nackt ist – und was die Versprechen des westlichen Kapitalismus für viele Menschen bedeuten. Vokabeln wie »liberal« oder »Demokratie« sind nur Schlagwörter, sie

sagen nichts. Dagegen ist der Hass manchmal ein gutes Mittel, um sich zu definieren. Dostojewski ist jemand, der aus dem Totenhaus direkt in das Reich der Obsessionen geht, in die Liebe, in die Pornografie, in die Gier des Glücksspielers. Das hat etwas Rauschhaftes, das man immer wieder zeigen muss. Dostojewski wurde vorgeworfen, dass seine Romane chaotisch sind, viel zu lang, viel zu unübersichtlich, kein breiter Strom wie die Wolga, sondern ein Wasserfall, der herabstürzt. Die Franzosen haben als gute Rationalisten in einer Bearbeitung seines großen Romans »Die Brüder Karamasow« alle Szenen, die nicht unmittelbar die Handlung vorantreiben, gestrichen. Aber diese Maßlosigkeit, das Chaos des Erzählens reißen einen mit. Er ist eine gebrochene Person. Was er geschrieben hat, hilft uns, unsere Zeit in ihren Widersprüchen zu verstehen.

In Dostojewskis Erzählung »Der Spieler« gibt es einen Hassausbruch gegen die Deutschen, deren Leben daraus bestehe, über mehrere Generationen mit kalter Berechnung Besitz anzuhäufen. Der Kontrast dazu ist die Selbstverschwendung und Selbstzerstörung der Spieler. Ist das eine Analogie für die Verschwendung der Kunst, das Gegenteil des ökonomischen Kalküls?
In Zeiten, die düster sind, muss man sich das Leben schön machen. Das kann man von Dostojewski lernen. Schiller hat etwas Wichtiges über die Bedeutung von Kunst gesagt: »Der Mensch spielt nur, wo er in voller Bedeutung des Wortes Mensch ist, und er ist nur da ganz Mensch, wo er spielt.« Das ist ein schöner Satz. Kunstarbeit, geistige Arbeit kann etwas Utopisches haben, jenseits des Reichs der Notwendigkeit. Indem wir miteinander arbeiten, können wir frei sein. Das ist wie der Vorschein einer anderen Gesellschaft. Deshalb sind Hierarchien im Theater völlig langweilig. Da hat guter Anarchismus zu herrschen. Die gemeinsame Produktion, zu der in einer Aufführung auch die Zuschauer gehören, schafft eine eigene Wirklichkeit. Die Presse, die Politik sind dabei völlig unwichtig, das hat mich noch nie im Leben interessiert. Man muss undankbar sein. Nur so kann man der Gesellschaft etwas dafür zurückgeben, dass man die Möglichkeit bekommt, etwas Beson-

deres zu machen. Das hat nichts damit zu tun, wie die darstellende Kunst, die Literatur, der Film verkauft werden. Es ist ein auswegloser Kampf, den Krieg haben wir verloren. Die Hoffnung ist, dass man einzelne Schlachten gewinnen kann. Deshalb ist es wichtig, eine wirkliche Gemeinschaft von Leuten zu haben, die etwas machen, was kaum jemanden interessiert, wenn man ehrlich ist. Das Schöne am Theater ist, dass so unterschiedliche Menschen aufeinandertreffen, Junge und Alte, Frauen und Männer, Schwule und Sexsüchtige. Das unterscheidet Theater von den elektronischen Medien.

Mit dem kleineren Übel wird es nur immer schlimmer. In fünf Jahren wird Le Pen Frankreich regieren.

Sie haben in Ihre Inszenierungen immer wieder Passagen aus Heiner Müllers Stück »Der Auftrag« einmontiert. Darin fällt ein schrecklicher Satz: »Die Welt wird, was sie war, eine Heimat für Herren und Sklaven.« Weshalb ist dieses Stück so wichtig für Sie?
Das ist der einzige Text, den ich sehr oft gemacht habe. Da geht es um drei Emissäre der Französischen Revolution, die nach Jamaika geschickt werden, um die Revolution in die Sklavenhaltergesellschaft zu tragen. Das sind drei verschiedene Menschen, Galloudec, ein französischer Bauer, Sasportas, ein Schwarzer, ein ehemaliger Sklave, und Debuisson, ein Aristokrat, der Sohn von Sklavenhaltern. Für einen Moment wollen sie die Welt verändern. Das ist schön, und es ist die Hoffnung. Nachdem Napoleon in Frankreich die Macht übernommen hat, sind sie ohne Auftrag in der Welt. Sasportas, der Schwarze, sagt zu den Weißen, Sklaven hätten keine Heimat. Einige Szenen später korrigiert er sich, es stimmt nicht, dass Sklaven keine Heimat haben: »Die Heimat der Sklaven ist der Aufstand. Ich gehe in den Kampf, bewaffnet mit den Demütigungen meines Lebens.« Nach seinem Tod werden andere kämpfen, »wenn die Lebenden nicht mehr kämpfen

können, werden die Toten kämpfen ... Der Aufstand der Toten wird der Krieg der Landschaften sein.« Ich habe diesen Text von Heiner Müller in Südamerika inszeniert, das war wie eine Offenbarung. Die Kommunarden in Frankreich sind erschossen worden, aber die Franzosen haben wenigstens immer wieder Revolutionen gemacht, was man von Deutschland nicht sagen kann.

(Frage aus dem Publikum) **Wir freuen uns sehr, dass die Volksbühne in Athen drei Inszenierungen zeigt – kurz vor dem Ende Ihrer Intendanz an der Volksbühne, die für die Theaterwelt so wichtig war. Wir möchten Ihnen sehr herzlich danken.**
Dankeschön. Theater ist ja etwas Besonderes, Theater vergeht. Insofern ist der Abschied etwas Normales. Theater ist nicht wie ein Bild, das man kauft und an die Wand hängt und hofft, dass man es irgendwann mit Gewinn weiterverkaufen kann. Es entsteht immer wieder neu. Das hat tatsächlich eine uralte metaphysische Tradition. Wir waren in Chile mit einem aufwändigen Gastspiel. Man kommt in so ein Land und natürlich hat man die Frage: Ist es nicht pervers, Theater zu machen, wenn andere Menschen so wenig Geld haben? Ist es pervers, dass unser Theater so reich ist, und in anderen Ländern Leute, die den gleichen Beruf mit der gleichen Leidenschaft ausüben, dafür überhaupt kein Geld bekommen? Diese Frage zu stellen, ist sicher richtig. Das meinte ich, als ich vorhin sagte, dass man sich manchmal dafür schämt, dass man aus Deutschland kommt.

(Frage aus dem Publikum) **Sie haben von Heiner Müllers Stück »Der Auftrag« gesprochen. Dort entscheiden sich der frühere Sklave und der Bauer, der Prolet, dafür, weiter für die Revolution zu kämpfen, sie sterben in Jamaika. Der Sohn der Sklavenhalter entscheidet sich dafür, die Revolution zu verraten und zu seiner Familie zurückzukehren. Welche Bedeutung hat Heiner Müller für Sie in der heutigen Situation der Globalisierung und der Herrschaft der Märkte?**
Vor zehn Jahren habe ich gesagt: Wenn er nicht gestorben wäre, wäre

er tot. Jetzt ist es aber so, nach Himmelfahrt ist er wieder auferstanden. Sein Nihilismus gibt mir so etwas wie Hoffnung. Sie haben Recht, Debuisson, der Sohn der Sklavenhalter, kehrt in den heiligen Schoß der Familie zurück. Wir haben '68 aus politischen, sexuellen, künstlerischen Gründen eine gewisse Zeit des Aufbruchs erlebt, und danach waren die Menschen wieder verschieden. Wer konnte, ging zu seiner Familie aus der Bourgeoisie zurück. Das ist nicht schlimm, das ist einfach so. Ich glaube nicht an die Märkte. Wie sie funktionieren, kann man bei Marx lesen. Die Banker der Deutschen Bank haben Marx sicher gelesen, aber sie haben die falschen Schlussfolgerungen daraus gezogen. Ich glaube nicht daran, dass die Herrschaft der Märkte stabil ist, sie werden schmerzhaft implodieren. Die europäische Linke, Leute wie mein Freund Gregor Gysi, stellt sich die Frage, ob Macron das kleinere Übel ist. Mit dem kleineren Übel wird es nur immer schlimmer. In fünf Jahren wird Le Pen Frankreich regieren. Das kleinere Übel ist keine Antwort, es ist eine einzige Lüge. Aber vielleicht ist das nur der Hass eines alten Mannes und ich liege völlig falsch. Die sozialen Fragen werden wieder wichtig, egal ob die Menschen schwarz, gelb oder weiß sind. Das Politische entsteht aus dem Sozialen. Nur ein Satz zur Volksbühne: Wir wurden aus politischen Gründen zerschlagen, aber letztlich auch aus sozialen Gründen, weil wir es nicht akzeptiert haben, dass es arme und reiche Leute gibt. Wir haben versucht, uns durch das Glück der gemeinsamen Arbeit autonom, unabhängig zu machen, aber das ist eine Illusion.

(Frage aus dem Publikum) **Was passiert jetzt, was machen Sie nach dem Ende Ihrer Zeit an der Volksbühne?**
Die Volksbühne war ein Zufall. Ich habe dort kurz vor dem Ende der DDR zum ersten Mal inszeniert. Als wir das Haus übernommen haben, gab es diesen Staat nicht mehr. Das war eine Zeit des Umbruchs. Die ist vorbei. Ich gehe jetzt als Brandstifter, als Vagabund durch die Welt. Welcher Rentner kann das von sich sagen, dass er noch so viel Unfug anstiften kann. Das ist ein Riesenprivileg.

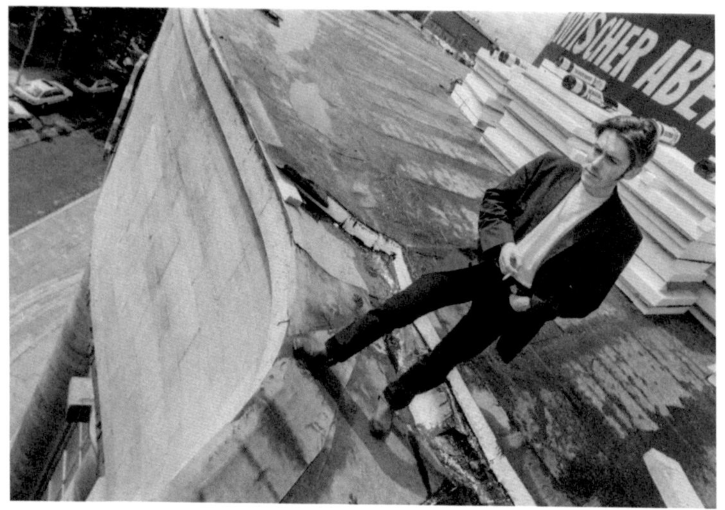

Bert Neumann ***9. 11. 1960 † 30. 7. 2015**

Ich überlege, ob ich ein Tattoo-Studio aufmachen soll

Interview mit Bert Neumann

Bert Neumann hat die Volksbühne in den Castorf-Jahrzehnten durch seine Bühnenräume, die LSD-Werbung, das gesamte Design und seine Haltung geprägt.
Bert Neumann gab selten und eher ungerne Interviews. Dieses Interview kam im April 2015 auf seine Initiative hin zustande. Er wollte sich angesichts der von Kulturstaatssekretär Tim Renner beschlossenen Übernahme des Theaters durch den Kurator Chris Dercon unmissverständlich positionieren.

Foto: David Baltzer / bildbuehne.de

Herr Neumann, Sie und Frank Castorf haben die Volksbühne seit 1992 entscheidend geprägt. Tim Renner findet, dass damit in zwei Jahren Schluss sein soll und man die Volksbühne »neu denken« müsse. Muss man?
Die Volksbühne ist ein Ort, an dem sehr anders gedacht wird als in einer Kulturverwaltung oder an anderen Theatern. Das hat damit zu tun, dass hier ein Künstler als Intendant fungiert und kein Manager. Hier werden die Strukturen aus Sicht der Kunstproduzenten gedacht, das macht die Volksbühne einigermaßen solitär.

Andere Theater, zum Beispiel das Berliner Ensemble, werden auch von Regisseuren geleitet.
Es gibt auch viele Kunsthandwerker in dem Feld. Für mich ist jemand wie Castorf in der deutschen Theaterlandschaft einzigartig. An der Volksbühne kann man selbstbestimmt arbeiten. Das war für manche Regisseure schwierig. Wenn man mit selbstständig denkenden und teilweise auch aufmüpfigen Schauspielern nicht klarkommt, hat man hier nichts verloren. Frank Castorf oder René Pollesch brauchen das geradezu. Das ist ein Riesenunterschied zu allen Theatern, die ich kenne.

Sie haben bei aller künstlerischen Radikalität auch relativ gute Besucherzahlen. Im vergangenen Jahr hatte die Volksbühne annährend so viele Zuschauer wie das Deutsche Theater und die DT-Kammerspiele zusammen, Ihre Subventionen pro verkaufter Eintrittskarte sind deutlich niedriger als etwa am Deutschen Theater.
Wir könnten sicher effizienter produzieren. Aber mich interessiert erst mal der künstlerische Mehrwert, nicht die größtmögliche Effizienz. Als wir hier angefangen haben, war in Berlin-Mitte vieles möglich. Wir kamen in einer eher runtergekommenen Gegend an ein relativ kaputtes Theater und haben nach unseren eigenen Regeln gespielt. Leider Gottes funktionieren Künstler in solchen Prozessen als Gentrifizierungs-Pioniere. Jetzt ist die Gegend durchgentrifiziert. Wir wollen nicht so schick sein wie die ganzen Galerien in der Nachbarschaft und zum Soho-House am Rosa-Luxemburg-Platz werden. Offenbar will

die Politik die Volksbühne jetzt an die Umgebung angleichen. Man kann die Entscheidung, Castorfs Intendanz zu beenden, als Teil dieses Gentrifizierungsprozesses verstehen. Deshalb ist sie auch nicht überraschend. Ehrlich gesagt hätte mich eine andere Entscheidung gewundert. Kulturpolitiker wollen Intendanten, die eine ähnliche Sprache sprechen wie sie selbst. Ein kluger oder auch nur eigenwilliger Künstler, der eine andere Sprache spricht, was ja eigentlich ein großer Gewinn sein könnte, stört und verunsichert. Im Neoliberalismus sind Mobilität und Flexibilität die höchsten Güter. Wir wollten lieber etwas immobil und unflexibel bleiben. Nur so kann sich über einen längeren Zeitraum etwas Besonderes entwickeln.

Hier werden die Strukturen aus Sicht der Kunstproduzenten gedacht, das macht die Volksbühne einigermaßen solitär.

Chris Dercon, der als Castorfs Nachfolger gehandelt wird, ist ein renommierter Museumsleiter. Er steht nicht zwangsläufig für eine gentrifizierte Volksbühne, oder?
Das kann ich nicht beurteilen, ich kenne ihn nicht. Aber ich interessiere mich auch nicht so sehr für den Kunstmarkt. Angeblich soll er etwas von Theater verstehen, weil er in München Schlingensief ausgestellt hat. Zu dem Zeitpunkt war Christoph Schlingensief allerdings schon sehr durchgesetzt. Als er an der Volksbühne seine ersten Arbeiten gemacht hat, gab es dagegen massive Widerstände. Wir fanden Christoph Schlingensief als Künstler, auch als jemand, den man nicht steuern kann, sehr außergewöhnlich. Deshalb waren uns diese Widerstände egal. Ich weiß nicht, ob Dercon ihn damals schon kannte und in sein Museum eingeladen hätte.

Was haben Sie gegen Museumsdirektoren? Gerade Sie stehen dafür, dass sich die Volksbühne immer wieder zu Bildender Kunst

öffnet. Sie haben Jonathan Meese eingeladen, ein Bühnenbild für eine Castorf-Inszenierung zu machen.
Damals war Jonathan Meese noch nicht so bekannt. Ich hatte Sachen von ihm in einer Ausstellung gesehen, die ich gut fand. Aber ich versuche nicht rauszukriegen, was gerade angesagt ist, sondern ich schaue einfach hin, ohne dass mir jemand sagt, was man jetzt gut finden muss. Das finde ich das Schwierige an diesen ganzen Kuratoren. Ihr Beruf ist es, dem Publikum zu sagen, was es gut finden muss und welche Trends jetzt wichtig sind. Ich bin zu bockig, um solchen Vorgaben zu folgen. Richard Sennett beschreibt, dass das bürgerliche Publikum seiner eigenen Wahrnehmung, den eigenen Gefühlen nicht traut und der Lenkung bedarf. Dafür wurde im 19. Jahrhundert das Programmheft erfunden, das dem verstummten Publikum erklärt, wie es das Theater zu finden hat. Deshalb haben wir irgendwann Programmhefte mit leeren Seiten gemacht. Der Kurator ist wie eine Fortsetzung des Programmhefts – ein Qualitätslabel, das dem Zuschauer die Mühe abnimmt, selber rauszukriegen, was ihm gefällt. Die Frage ist, leistet man sich eine eigene Meinung oder hängt man sich stromlinienförmig an den Markt. Das ist im Theater nicht anders als in anderen Künsten. Ein Maler, der beim Malen daran denkt, wie er das Bild am besten verkaufen kann, wird wahrscheinlich kein besonders gutes Bild malen, würde ich mal unterstellen. Andy Warhol hat dazu vermutlich eine andere Meinung.

Der Kurator kauft auf einem großen Markt der Künstler und Produktionen ein, was er präsentieren will. Ist das Verhältnis zwischen Kurator und Künstler marktförmiger als das Verhältnis zwischen einem Intendanten und dem Ensemble?
Glaube ich schon.

Hat das System Volksbühne seine Möglichkeiten nach zweieinhalb Jahrzehnten ausgeschöpft?
Ich hätte nie gedacht, dass ich so lange an dem Haus bleibe. Für mich hat sich da immer wieder was Neues entwickelt, gerade in der Kontinuität der Zusammenarbeit. Mit Frank Castorf oder Christoph

Schlingensief oder René Pollesch verbindet mich mehr, als dass wir alle hier gearbeitet haben und arbeiten. Dieses Haus ist nicht homogen.

Wir wollen nicht zum Soho-House am Rosa-Luxemburg-Platz werden. Offenbar will die Politik die Volksbühne jetzt an die Umgebung angleichen.

Dem Stadttheater ist, wie jedem Apparat, das Bedürfnis eingeschrieben, reibungslos zu funktionieren. Zu unserem Kunstbegriff gehört, das reibungslose Funktionieren zu stören. Wir sind keine Dienstleister für störungsfreie Abendunterhaltung. Jetzt will man hier offenbar lieber Dienstleister, die genau wissen, was gerade in der Kunstwelt angesagt ist. Ich kriege immer Depressionen, wenn ich in Kunstzeitschriften blättere. Ich will eigentlich gar nicht so genau wissen, was die anderen machen. Das hilft mir nicht in der Arbeit. Ich finde nicht, dass man unbedingt den Ehrgeiz haben muss, sich bei allen angesagten Kunstrichtungen auszukennen und sich daran womöglich auch noch zu orientieren. Jedenfalls wäre ich so arrogant zu sagen, ich weiß selbst, was ich gut finde. Deshalb arbeite ich mit Künstlern zusammen und nicht mit Kuratoren. Tim Renner sagt ja auch, dass er das »Ost« auf dem Dach ein bisschen suspekt und altmodisch findet. Ich finde vieles von dem, was explizit und abgesichert als moderne, avantgardistische Kunst daherkommt, viel altmodischer und berechenbarer. Das ist für mich nicht so interessant.

Was machen Sie, wenn hier in zwei Jahren Schluss ist?
Es wäre schön, wenn man die Freiräume, die man hier hat, weiter verteidigt, indem man immer wieder Projekte anschiebt, die das übliche Normalmaß überschreiten. Wenn das hier zu Ende ist, muss ich mir genau überlegen, was ich machen will. Ich habe relativ wenig Lust, mich in den Schoß des Stadttheaters zu begeben. Ich will was machen, wo

ich selbst der Chef bin, das kann auch was Kleines sein. Ich überlege, ob ich ein Tattoo-Studio aufmachen soll.

Tim Renner ist optimistisch, dass Castorf der Stadt als Regisseur erhalten bleibt.
Bestimmt nicht an der Volksbühne. Das ist unser Laden, den haben wir gemacht. Keiner von den Künstlern, die das Haus prägen, wird hier unter irgendeinem Kurator arbeiten, weder René Pollesch noch Frank Castorf noch die Schauspieler und ich sicher auch nicht. Offenbar ist die Erwartung in der Politik die, dass sie hier einen neuen Intendanten installiert, und dann können ja Pollesch oder Castorf oder Fritsch oder ich hier ab und zu mal was zeigen. Das verfehlt natürlich den Kern dessen, was wir hier machen. Diejenigen, die jetzt hier arbeiten, werden mit einem Kurator als Intendanten diesem Theater verloren gehen, auch aus Loyalität dem gegenüber, was hier passiert ist. Es wäre einfach nicht möglich, unter einem Nachfolger von Castorf hier zu arbeiten.

Der Kurator ist wie eine Fortsetzung des Programmhefts – ein Qualitätslabel, das dem Zuschauer die Mühe abnimmt, selber rauszukriegen, was ihm gefällt.

Wie geht es weiter an der Volksbühne?
In der nächsten Spielzeit, die ja unsere letzte sein sollte, finde ich es richtig, noch mal Sachen auszuprobieren, die woanders nicht gehen. Was mich interessiert, ist, über die Trennung zwischen Zuschauerraum und Bühne nachzudenken. Wie kann man da eingreifen, mit diesem riesigen Portal? Da die Perspektive zu wechseln, kann interessant sein. Es wird eine Intervention in den Raum geben, aber ich will eigentlich noch gar nicht so viel ausplaudern.

Und weil die Berliner Kulturpolitik etwas konfus ist, hängen sie an die letzte Spielzeit noch eine dran?
Ja, richtig cool ist das nicht. Das ist dann halt die allerletzte Spielzeit. Vielleicht auch nicht. Das ist jetzt ein Kopf-an-Kopf-Rennen: Wer bleibt als Letzter in der Rosa-Luxemburg-Straße, der Sex-Shop oder wir? Im Augenblick sieht es so aus, als würde der Sex-Shop gewinnen.

Danke für das Gespräch

Interviews mit Frank Castorf funktionieren oft ähnlich wie seine Inszenierungen. Die Assoziationen sind schnell und sprunghaft. Ziemlich abrupt wechseln die Ebenen, von H. C. Andersen zu Tarantino zum Dekor von SM-Studios zu Michael Jackson zu den Mundwinkeln von Angela Merkel zu den Pogues zu Unterhaltszahlungen. Von der feindlichen Übernahme der Volksbühne zu den antinapoleonischen Aufständen der Spanier zu Goya zu Carl Schmitt zum Guerillakrieg zu Castro zur Mafia. Die gedruckte, also stark kondensierte Fassung gibt von dieser Abschweifungsfreude nur ein schwaches Abbild. Castorf selbst nennt diesen Hang zum weiten Bogen und Mäandern der Gedankengänge seine Disposition zur »Gedankenflucht«. Zaghafte Versuche, die Satzkaskaden abzubrechen, um vielleicht langsam wieder in Richtung Ausgangsfrage zu steuern, werden souverän ignoriert (»... ich will ja nur sagen ...«), der nächste Schub an Gedankenoutput gewinnt an Tempo. Es geht offenkundig nicht darum, irgendjemanden zu überzeugen oder etwas zu beweisen, es geht eher darum, Berge an Material aufzuhäufen. Einerseits ist das eine Zumutung. Andererseits ist es vor allem: interessant. Und es ist oft überraschend, weil Castorfs Lektüren und Gedanken in anderen Regionen unterwegs sind, als es das übliche gesinnungssmarte Kulturbetriebsmilieu ist. Diese eher ausschweifende als effiziente Gesprächsführung ist gegenüber dem latent überforderten Gesprächspartner in gewisser Weise sehr höflich. Er kann sich aus dem unsortierten Wust nehmen, was ihn interessiert, schließlich muss man sich nicht gegenseitig bevormunden. Sinnzusammenhänge und Argumentationslinien werden sich dann schon einstellen. Freundlichkeitsgesten oder die falsche Authentizität persönlicher Bekenntnisse, die Künstler-Interviews oft so schwer erträglich machen, sind nicht nötig. Stattdessen: Zuspitzung, kurz hingeworfene Gedanken, Lektürefrüchte, begründungsfrei abgefeuerte Thesen, Spott als Waffe, Aggression als Ressource und Erkenntnisinstrument. Man erhält Einblick in das Denken des Interviewpartners, offenbar ist er an Harmonie nicht übertrieben interessiert und pflegt ein eher illusionsloses Menschenbild.

Ob man zustimmt, jedes abgelegene, als bekannt vorausgesetzte Buch kennt und jeden Gedankensprung mitmacht oder auch nur nachvollziehen möchte, ist nicht Castorfs Problem. Dieses Komplett-Desinteresse am Erklärbeipackzettel sorgt für die schöne Überforderung, die auch seine Inszenierungen ihren Betrachtern bescheren. »Mehr als die Chance, sich selbstständig zu verhalten, kann kein Buch bieten«, sagt Alexander Kluge, wenn jemand seine mit Oskar Negt angelegten Text-Theorie-Geschichts-Steinbrüche (»Geschichte und Eigensinn«) etwas unübersichtlich findet. Das gilt ähnlich für Castorfs Inszenierungs-Gebirge. Kluge wie Castorf setzen ein zu dieser Selbstständigkeit bereites Gegenüber voraus. Weil beide in ihrer Arbeit auf Selbstdisziplinierung im Dienste der Verkäuflichkeit verzichten, ersparen sie dem Rezipienten den Druck, jede ihrer Bewegungen mitmachen zu müssen.

Die Interviews sind im Vorfeld von Premieren entstanden. Das bedeutet: Der Regisseur ist im Stoff. Entgegen dem Klischee vom Stücke-Zertrümmerer, der freihändig mit dem Textmaterial jongliert, zeigt er sich in den Interviews als manischer Leser. Dass er sich für eine Regie gierig mit Material vollsaugt, dient nicht dem Zweck, sich devot an den Stand der Forschung zu halten, eher dienen die Lektürefrüchte als Startrampe, als Benzin, das in der Arbeit verbrannt wird. Der Vorteil des Interviews ist, dass man anders als beim Theaterbesuch nachfragen kann, wenn die Gedankensprünge etwas verwirrend werden. Weil Castorf nicht oberflächlich durch den Stoff surft, sondern seine Denkbewegungen aus der Auseinandersetzung mit literarischen Texten entwickelt, und weil er offenkundig ziemlich genau weiß, was er tut, sind die Nachfragen desto ergiebiger, je vertrauter der Interviewer mit der Materie ist. So waren die Volksbühnen-Jahre neben allem anderen, was man ihnen verdankt, auch noch eine fruchtbare Lektüreschule. Danke.

Die meisten dieser Interviews sind im Berliner Stadtmagazin »tip« erschienen, für das ich lange und nicht ungern gearbeitet habe. Meine Chefs und Kollegen haben Castorfs Polemik und mein Interesse daran, zu erfahren, was er denkt, mit Engelsgeduld ertragen. Ohne die Großzügigkeit von Rüdiger Schaper, Karl Hermann, Heiko Zwirner und Stefanie Dörre wären diese Interviews so nicht erschienen.

Peter Laudenbach, Dezember 2017

Berlin liegt am Meer (Originalbeitrag für diesen Band)

Man geht ab und zu gerne fremd.
Interviewer: Rüdiger Schaper und Peter Laudenbach (tip 2. 5. 1996)

Der Krieg jeder gegen jeden (tip 25. 5. 1999)

Psychoanalytischer Pop (tip 16. 12. 2004)

Man bekommt eine Idee davon,
was das mal für ein Land war, Deutschland (tip 28. 10. 2009)

Selbstverstümmelung als Überlebenstechnik (taz 24. 2. 2010)

Überflüssige Menschen (Tagesspiegel 8. 6. 2010)

Natürlich lese ich Dostojewski als einen Porno (tip 1. 12. 2012)

Hauptsache man darf nicht »Neger« sagen,
dann ist die Welt in Berlin-Mitte in Ordnung (tip 18. 12. 2013)

Am liebsten hätten sie veganes Theater (Tagesspiegel 23. 9. 2014)

Technik des Staatsstreichs (tip 28. 10. 2014)

Man braucht Konflikte, um sich zu verständigen (tip 28. 7. 2017)

Ich überlege, ob ich ein Tatoo-Studio aufmachen soll.
Interview mit Bert Neumann (Tagesspiegel 19. 4. 2015)

Inszenierungsverzeichnis

Inszenierungen von Frank Castorf während seiner Intendanz an der Volksbühne 1992–2017

König Lear von William Shakespeare
Premiere am 8. Oktober 1992
Bühne und Kostüme: Hartmut Meyer
Mit: Wilfried Ortmann, Walfriede Schmitt, Heide Kipp, Annett Kruschke, Ulrich Voß, Harald Warmbrunn, Winfried Wagner, Magne Hovard Brekke, Jon-Kaare Koppe, Peter René Lüdicke, Bruno Cathomas, Kurt Naumann, Gerd Preusche, Torsten Ranft, Joachim Tomaschewsky, Jürgen Rothert, Klaus Mertens, Bodo Krämer, Herbert Sand, Sabine Svoboda, Harry Merkel

Rheinische Rebellen von Arnolt Bronnen
Premiere am 22. Oktober 1992
Bühne und Kostüme: Hartmut Meyer
Mit: Henry Hübchen, Claudia Michelsen, Meral Yüzgülec, Susanne Düllmann, Astrid Meyerfeldt

Fremde in der Nacht von Jochen Berg
Premiere am 9. November 1992 (UA)
Bühne und Kostüme: Bert Neumann
Mit: Hildegard Alex, Jens Berthold, Gerhard Klisch, Wilfried Ortmann, Sophie Rois, Frank Schendler, Sabine Svoboda, Ulli Fritze und Gruppe

Clockwork Orange nach Anthony Burgess
Premiere am 25. Februar 1993
Bühne und Kostüme: Hartmut Meyer
Musik: Steve Binetti
Mit: Herbert Fritsch, Peter René Lüdicke, Torsten Ranft, Annett Kruschke, Robert Hunger-Bühler, Silvia Rieger, Lajos Talamonti, Steve Binetti

Alkestis von Euripides
Premiere am 4. Juni 1993
Bühne und Kostüme: Bert Neumann
Mit: Harald Warmbrunn, Juan Carlos Carvajal, Claudia Michelsen, Astrid Meyerfeldt, Susanne Düllmann, Silvia Rieger, Robert Hunger-Bühler, Claudia Carvajal, Gerd Preusche, Wilfried Ortmann

Katastrophe
Premiere am 17. September 1993
Mit: Michaela Steiger, Bernhard Schütz, Michael Wittenborn

Bruchstück I
Premiere am 17. September 1993
Bühne und Kostüme: Bert Neumann
Mit: Magne Hovard Brekke, Horst Westphal

Die Frau vom Meer von Henrik Ibsen
Premiere am 10. Dezember 1993
Bühne: Hartmut Meyer, Kostüme: Gabriela Reumer, Musik: Steve Binetti
Mit: Henry Hübchen, Corinna Harfouch, Kathrin Angerer, Isabella Parkinson, Herbert Fritsch, Bruno Cathomas, Magne Hovard Brekke, Steve Binetti

Pension Schöller/Die Schlacht nach Carl Lauf & Wilhelm Jacoby/Heiner Müller
Premiere am 21. April 1994
Bühne und Kostüme: Bert Neumann
Mit: Henry Hübchen, Walfriede Schmitt, Kathrin Angerer, Olivia Grigolli, Torsten Ranft, Jürg Kienberger, Herbert Fritsch, Sophie Rois, Winfried Wagner, Heide Kipp, Astrid Meyerfeldt, Hendrik Arnst, Kurt Naumann

Die Sache Danton von Stanislawa Przybyszewska
Premiere am 26. November 1994
Bühne und Kostüme: Hartmut Meyer
Mit: Herbert Fritsch, Astrid Meyerfeldt, Silvia Rieger, Günter Zschäckel, Bruno Cathomas, Bodo Krämer, Kurt Naumann, Isabella Parkinson, Henry Hübchen, Sophie Rois, Bernhard Schütz, Heide Kipp, Stephan Richter, Martin Olbertz, Hendrik Arnst, Klaus Gutjahr

Die Nibelungen – Born Bad nach Friedrich Hebbel
Premiere am 27./28. Mai 1995
Bühne und Kostüme: Peter Schubert
Mit: Christian Schwaan, Gerd Preusche, Herbert Fritsch, Harald Warmbrunn, Günter Zschäckel, Bodo Krämer, Ulrich Voß, Birol Ünel, Heide Kipp, Silvia Rieger, Sophie Rois, Susanne Düllmann, Mex Schlüpfer, Jürgen Rothert, Winfried Wagner, Michael Bulatov, Hendrik Arnst, Henry Hübchen, Joachim Tomaschewsky, Michael Günther, Adriana Almeida, Christina Comtesse, Brigitte Cuvelier, Andrea Hovenbitzer, Kristine Keil, Liliana Sadaña, Kate Strong und die Musiker Valeri Ignatenko, Wjatscheslaw Komarov und Wladimir Paveluk

Die Stadt der Frauen von Federico Fellini
Premiere am 14. Oktober 1995
Bühne und Kostüme: Bert Neumann
Musik: Jürg Kienberger
Mit: Henry Hübchen, Karin Mikityla, Astrid

Meyerfeldt, Sophie Rois, Kathrin Angerer, Jürg Kienberger, Rosemarie Bärhold, Kate Strong, Günter Zschäckel, Meral Yüzgülec, Cornelia Schmaus

Hochzeitsreise von Wladimir Sorokin
Koproduktion mit dem Deutschen Schauspielhaus Hamburg
Premiere am 2. November 1995 (UA)
Bühne und Kostüme: Bert Neumann
Musik: Steve Binetti
Mit: Jeanette Spassova, Carolin Mylord, Annekathrin Bürger, Gerd Preusche, Bernhard Schütz, Steve Binetti

Golden fließt der Stahl/Wolokolamsker Chaussee von Karl Grünberg/Heiner Müller
Premiere am 5. April 1996
Bühne und Kostüme: Bert Neumann
Mit: Hendrik Arnst, Stephan Richter, Harry Merkel, Kathrin Angerer, Gerd Preusche, Bodo Krämer, Heide Kipp, Hildegard Alex, Annekathrin Bürger, Karin Ugowski, Jürgen Rothert, Kurt Naumann, Klaus Mertens, Joachim Tomaschewsky, Harald Warmbrunn

Des Teufels General von Carl Zuckmayer
Premiere am 17. Oktober 1996
Bühne und Kostüme: Peter Schubert
Mit: Corinna Harfouch, Michael Klobe, Sophie Rois, Klaus Mertens, Joachim Tomaschewsky, Bernhard Schütz, Harald Warmbrunn, Kurt Naumann, Hendrik Arnst, Jeanette Spassova, Kate Strong

Trainspotting von Harry Gibson nach dem Roman von Irvine Welsh
Premiere am 26. April 1997
Bühne: Peter Schubert, Kostüme: Kathrin Plath und Peter Schubert
Mit: Kathrin Angerer, Hendrik Arnst, Peter René Lüdicke, Matthias Matschke

Hauptmanns Weber von Gerhart Hauptmann
Premiere am 7. Oktober 1997
Bühne und Kostüme: Bert Neumann
Mit: Kathrin Angerer, Rosemarie Bärhold, Frank Büttner, Henry Hübchen, Bodo Krämer, Michael Klobe, Astrid Meyerfeldt, Kurt Naumann, Milan Peschel, Gerd Preusche, Silvia Rieger, Sophie Rois, Jürgen Rothert

Schmutzige Hände von Jean-Paul Sartre
Premiere am 11. März 1998
Bühne und Kostüme: Hartmut Meyer
Mit: Henry Hübchen, Matthias Matschke, Silvia Rieger, Kathrin Angerer, Sir Henry, Milan Peschel, Pavel Straka, Matthias Pees / Hendrik Arnst

Terrordrom von Tim Staffel
Premiere am 12. November 1998
Bühne und Kostüme: Bert Neumann
Mit: Sophie Rois, Jeanette Spassova, Herbert Fritsch, Hendrik Arnst, Cordelia Wege, Milan Peschel, Astrid Meyerfeldt, Bernhard Schütz, Stefan Bienek

Da muss der Jude den Schaden bezahlen Der 9. November 1938 als Versicherungsfall
Scenic reading Volksbühne am Rosa-Luxemburg-Platz
LIVE-screening am 9. November 1998
Mit: Jürgen Rothert, Bernhard Schütz, Henry Hübchen, Gerd Preusche, Kurt Naumann, Harry Merkel, Paul Wolff-Plottegg, Bodo Krämer, Ulrich Voß, Herbert Sand, Matthias Matschke, Winfried Wagner

Richard II. – Das Eigentum von William Shakespeare
Premiere am 6. Februar 1999
Bühne und Kostüme: Bert Neumann
Mit: Bernhard Schütz, Kathrin Angerer, Matthias Matschke, Gerd Preusche, Winfried Wagner, Kurt Naumann, Heide Kipp, Jürgen Rothert, Milan Peschel, Hendrik Arnst, Herbert Sand, Harald Warmbrunn, Bodo Krämer, Kate Strong, Martin Kasper, Jürgen Kuttner

Dämonen von Fjodor M. Dostojewski
Koproduktion mit den Wiener Festwochen
Premiere am 19. Mai 1999
Bühne und Kostüme: Bert Neumann
Dramaturgie: Matthias Pees
Musikalische Einrichtung: Sir Henry, Thomas Krinzinger
Mit: Henry Hübchen, Milan Peschel, Silvia Rieger, Martin Wuttke, Kathrin Angerer, Bernhard Schütz, Astrid Meyerfeldt, Bettina Janz, Herbert Fritsch, Hendrik Arnst, Jeanette Spassova, Sophie Rois, Sir Henry, Ulrich Voß, Joachim Tomaschewsky

Heinrich VI. – Das Paradies von William Shakespeare
Premiere am 27. Oktober 1999

Bühne und Kostüme: Bert Neumann
Mit: Henry Hübchen, Bernhard Schütz, Silvester Neumann, Silvia Rieger, Peter René Lüdicke, Brigitte Cuvelier, Jean Chaize, Harald Warmbrunn

Das obszöne Werk: Caligula von Georges Bataille und Albert Camus
Premiere am 5. Januar 2000
Bühne und Kostüme: Hartmut Meyer
Mit: Bernhard Schütz, Kurt Naumann, Kathrin Angerer, Astrid Meyerfeldt, Joachim Tomaschewsky, Matthias Matschke, Sir Henry, Brigitte Cuvelier, Jeanette Würzner

Vaterland von Robert Harris
Koproduktion mit dem Deutschen Schauspielhaus Hamburg
Premiere am 27. April 2000
Bühne und Kostüme: Peter Schubert
Musik: Jörn Brandenburg
Mit: Silvia Rieger, Stephan Bissmeier, Bernhard Schütz, Josef Ostendorf, Jean-Pierre Cornu, Winfried Wagner, Hendrik Arnst, Kurt Naumann, Joachim Tomaschewsky, Jeanette Würzner, Franck-Thomas Link

Endstation Amerika nach Tennessee Williams' »A Streetcar named Desire«.
Bearbeitung von Frank Castorf
Koproduktion mit den Salzburger Festspielen
Premiere am 13. Oktober 2000
Bühne und Kostüme: Bert Neumann
Licht: Lothar Baumgarten
Dramaturgie: Carl Hegemann
Mit: Kathrin Angerer, Brigitte Cuvelier, Henry Hübchen, Milan Peschel, Silvia Rieger, Bernhard Schütz

Elementarteilchen nach Michel Houellebecq
Premiere am 30. November 2000
Bühne und Kostüme: Bert Neumann
Musik: Sir Henry
Mit: Herbert Fritsch, Martin Wuttke, Brigitte Cuvelier, Jean Chaize, Kurt Naumann, Astrid Meyerfeldt, Frank Büttner, Kate Strong, Susanne Düllmann, Joachim Tomaschewsky

Erniedrigte und Beleidigte von Fjodor M. Dostojewski
Koproduktion mit den Wiener Festwochen
Premiere am 12. Oktober 2001
Bühne und Kostüme: Bert Neumann
Dramaturgie: Carl Hegemann
Musikalische Einrichtung: Sir Henry
Mit: Kathrin Angerer, Hendrik Arnst, Susanne Düllmann, Henry Hübchen, Astrid Meyerfeldt, Milan Peschel, Irina Potapenko, Bernhard Schütz, Sir Henry, Jeanette Spassova, Joachim Tomaschewsky, Martin Wuttke

Der Meister und Margarita von Michail Bulgakow
Koproduktion mit den Wiener Festwochen
Premiere am 9. November 2002
Bühne und Kostüme: Bert Neumann
Soundtrack: Sir Henry
Dramaturgie: Carl Hegemann
Video: Jan Speckenbach, Jörg Broksch
Licht: Lothar Baumgarten
Mit: Kathrin Angerer, Hendrik Arnst, Rosalind Baffoe, Marc Hosemann, Henry Hübchen, Joy Kristin Kalu, Michael Klobe, Kurt Naumann Skubowius, Milan Peschel, Irina Potapenko, Bernhard Schütz, Joachim Tomaschewsky, Martin Wuttke, Sir Henry

Der Idiot von Fjodor M. Dostojewski
Premiere am 15. Oktober 2002
Bühne und Kostüme: Bert Neumann
Musik: Sir Henry
Video-Bildregie: Jan Speckenbach
Kamera: Andreas Deinert
Licht: Lothar Baumgarten
Dramaturgische Mitarbeit: Carl Hegemann, Jutta Wangemann
Mit: Martin Wuttke, Bernhard Schütz, Jeanette Spassova, Ulrich Voß, Joachim Tomaschewsky, Sophie Rois, Young-Shin Kim, Irina Potapenko, Lore Richter, Hendrik Arnst, Brigitte Cuvelier, Kurt Naumann Skubowius, Herbert Fritsch, Alexander Scheer, Frank Büttner, Sir Henry, Antje Schulz

Forever Young nach Tennessee Williams' »Sweet Bird of Youth«.
Bearbeitung von Frank Castorf
Koproduktion mit den Wiener Festwochen
Premiere am 24. Oktober 2003
Bühne und Kostüme: Bert Neumann
Musik: Sir Henry
Video: Jan Speckenbach, Andreas Deinert
Dramaturgische Mitarbeit: Carl Hegemann
Mit: Kathrin Angerer, Rosalind Baffoe, Sir Henry, Marc Hosemann, Milan Peschel, Volker Spengler, Laura Tonke, Martin Wuttke

Kokain nach Pitigrilli
Premiere am 31. Januar 2004
Bühne: Jonathan Meese, Kostüme: Barbara Aigner, Musik: Sir Henry
Video-Bildregie: Jan Speckenbach

Kamera: Andreas Deinert
Dramaturgie: Carl Hegemann
Mit: Kathrin Angerer, Hendrik Arnst, Brigitte Cuvelier, Rosalind Baffoe, Sir Henry, Marc Hosemann, Kurt Naumann Skubowius, Jörg Neumann, Irina Potapenko, Silvia Rieger, Alexander Scheer, Jeanette Spassova

Gier nach Gold Eine Bearbeitung von Frank Castorf nach Frank Norris
Koproduktion mit den Ruhrfestspielen Recklinghausen
Premiere am 22. April 2004
Bühne: Bert Neumann, Musik: Sir Henry
Mit: Bernhard Schütz, Milan Peschel, Birgit Minichmayr, Hendrik Arnst, Irina Kastrinidis, Silvia Rieger, Samuel Finzi

Meine Schneekönigin Ein Märchen von Frank Castorf nach Hans Christian Andersen
Koproduktion der Volksbühne am Rosa-Luxemburg-Platz, HCA 2005 (Odense – DK) und MC93 Bobigny
Premiere am 16. Dezember 2004
Bühne und Kostüme: Bert Neumann
Licht: Lothar Baumgarten
Dramaturgie: Jutta Wangemann
Mit: Herbert Fritsch, Irina Kastrinidis, Birgit Minichmayr, Alexander Scheer, Jeanette Spassova, Volker Spengler

Der Marterpfahl nach Friedrich von Gagern, unter Verwendung einiger Texte von Heiner Müller
Premiere am 5. Februar 2005
Bühne: Anna Viebrock
Choreografie: Meg Stuart
Musikalische Leitung: Christoph Homberger, Ed Csupkay
Mit: Daniel Chait, Ed Csupkay, Susanne Düllmann, Altea Garrido, David Marton, Matthias Matschke, Josef Ostendorf, Sophie Rois, Thomas Stache, Bettina Stucky, Winfried Wagner

Groß und Klein von Botho Strauß
Premiere am 5. März 2005
Bühne: Janina Audick, Musik: Uwe Altmann
Mit: Kathrin Angerer, Brigitte Cuvelier, Susanne Düllmann, Michael Klobe, Annett Kruschke, Peter René Lüdicke, Jürgen Rothert, Bernhard Schütz, Laura Tonke

Schuld und Sühne von Fjodor M. Dostojewski
Koproduktion mit den Wiener Festwochen
Premiere am 6. Oktober 2005
Bühne und Kostüme: Bert Neumann
Licht: Lothar Baumgarten, Musik: Sir Henry
Video: Jens Crull
Kamera: Andreas Deinert, Ole Jürgens
Dramaturgie: Jutta Wangemann
Mit: Hendrik Arnst, Anastasia Bader, Frank Büttner, Sir Henry, Kristina Ignjatovic, Irina Kastrinidis, Birgit Minichmayr, Kurt Naumann Skubowius, Mira Partecke, Milan Peschel, Silvia Rieger, Bernhard Schütz, Jeanette Spassova, Thomas Thieme, Martin Wuttke

Berlin Alexanderplatz von Alfred Döblin
Premiere am 16. Juni 2005
Bühne und Kostüme: Bert Neumann
Licht: Lothar Baumgarten
Mit: Bibiana Beglau, Max Hopp, Marc Hosemann, Iris Minich, Trystan Pütter, Alexander Scheer, Jeanette Spassova, Ludmilla Skripkina

Im Dickicht der Städte von Bertolt Brecht
Premiere am 23. Februar 2006
Bühne und Kostüme: Bert Neumann
Licht: Lothar Baumgarten, Musik: Steve Binetti
Dramaturgie: Jutta Wangemann
Mit: Hendrik Arnst, Rosalind Baffoe, Herbert Fritsch, Marc Hosemann, Irina Kastrinidis, Astrid Meyerfeldt, Milan Peschel, Jeanette Spassova, Volker Spengler, Joachim Tomaschewsky

Meistersinger Eine Inszenierung nach Richard Wagners Oper »Die Meistersinger von Nürnberg« und Ernst Tollers Revolutionsdrama »Masse Mensch«
Koproduktion der Volksbühne am Rosa-Luxemburg-Platz mit dem Grand Théâtre de la Ville de Luxembourg, Théâtre National de Chaillot, Paris und Det Kongelige Teater, Kopenhagen
Premiere am 21. September 2006
Bühne und Kostüme: Jonathan Meese
Licht: Torsten König
Musikalische Konzeption: Christoph Homberger, Christoph Keller, Stefan Wirth
Musikalische Leitung: Christoph Homberger, Christoph Keller
Wagner-Arrangement: Stefan Wirth
Dramaturgie: Jutta Wangemann
Mit: Christoph Homberger, Max Hopp, Sophie Rois, Silvia Rieger, Bernhard Schütz, Winfried Wagner, Axel Wandtke, Frank Bauszus, Anna Charim, Ruth Rosenfeld, Chor der Werktätigen

NORD Eine Grandguignolade von Frank Castorf nach Louis-Ferdinand Céline
Koproduktion der Volksbühne am Rosa-Luxemburg-Platz mit den Wiener Festwochen, dem Festival d'Avignon und dem Athens Festival
Premiere am 20. September 2007
Bühne und Kostüme: Bert Neumann
Dramaturgie: Dunja Arnaszus
Mit: Annekatrin Bürger, Frank Büttner, Irina Kastrinidis, Young-Shin Kim, Michael Klobe, Christoph Letkowski, Inka Löwendorf, Thorsten Merten, Milan Peschel, Trystan Pütter, Silvia Rieger, Lars Rudolph, Sir Henry, Herman Herrmann (Gitarre, Mandoline), Boris Jöns (Mandoline), Ole Wulfers (Gitarre, Mandoline)

Der Jasager/Der Neinsager von Bertolt Brecht (Musik: Kurt Weill)
Premiere am 8. November 2007
Bühne und Kostüme: Bert Neumann
Musikalische Leitung: Reinhold Friedl
Mit: Brigitte Cuvelier, Reinhold Friedl, Anna Charim, Ruth Rosenfeld, Bernhard Schütz, Maximilian Speck, Axel Wandtke

Emil und die Detektive nach Erich Kästner unter Verwendung von Texten aus Alfred Döblins »Berlin Alexanderplatz« in einer Fassung von Frank Castorf
Premiere am 2. Dezember 2007
Bühne und Kostüme: Bert Neumann
Dramaturgie: Dunja Arnaszus
Licht: Lothar Baumgarten
Mit: Luise Berndt, Georg Friedrich, Michael Klobe, Ewa Mostowiec, Milan Peschel, Volker Spengler, Catalina Bigalke, Zosia Coly, Jacob Funke, David Gabel, Viktor Groß, Christopher Gruner, Marcel Heuperman, Titus Hetzer, Béla Jellinek, Rosa-Rebecca Jellinek, Luise Schumacher, Michael Schweighöfer

Fuck off, Amerika nach Motiven von Eduard Limonow
Premiere am 29. Februar 2008
Bühne: Jonathan Meese
Kostüme: Caroline Rössle Harper
Musikalische Einstudierung: Timo Kreuser
Mit: Rosalind Baffoe, Max Hopp, Irina Kastrinidis, Sebastian König, Christoph Letkowski, Sophie Rois, Volker Spengler, Axel Wandtke, Timo Kreuser

Die Maßnahme/Mauser von Bertolt Brecht (Musik: Hanns Eisler) / Heiner Müller
Premiere am 20. März 2008
Bühne: Thiago Bortolozzo
Kostüme: Arianne Vitale
Musikalische Leitung / Leitung des Chores: Marcus Crome, Licht: Torsten König, Video: Andreas Deinert, Jens Crull
Regie MAUSER: Meg Stuart
Chor: Volksbühnen-Chor
Mit: Hermann Beyer, Sebastian König, Christoph Letkowski, Trystan Pütter, Jeanette Spassova, Andreas Barth, Frank Bauszus, Winnie Böwe, Anna Charim

HUNDE – Reichtum ist die Kotze des Glücks
Castorf / Kyniker
Premiere am 13. September 2008
Raum: Bert Neumann, Kostüme: Ulrike Köhler, Dramaturgie: Maurici Farré
Licht: Hans-Hermann Schulze
Mit: Steve Binetti, Nadine Dubois, Andreas Frakowiak, Irina Kastrinidis, Thorsten Merten, Silvia Rieger, Jorres Risse, Mandy Rudski, Jeanette Spassova

KEAN ou Désordre et Génie Comédie en cinq actes par Alexandre Dumas et DIE HAMLETMASCHINE par Heiner Müller
Premiere am 6. November 2008
Bühne: Hartmut Meyer
Kostüme: Jana Findeklee, Joki Tewes
Licht: Torsten König
Dramaturgie: Sebastian Kaiser
Mit: Georg Friedrich, Axel Wandtke, Jeanette Spassova, Christoph Letkowski, Alexander Scheer, Silvia Rieger, Irina Kastrinidis, Mandy Rudski, Mex Schlüpfer, Andreas Frakowiak, Luise Berndt, Inka Löwendorf, Margarita Breitkreiz, Henry Krohmer, Steve Binetti

Amanullah Amanullah
Premiere am 9. April 2009
Bühne: Bert Neumann, Kostüme: Adriana Braga, Licht: Torsten König, Dramaturgie: Maurici Farré
Mit: Rosalind Baffoe, Georg Friedrich, Franziska Hayner, Marc Hosemann, Anne Ratte-Polle, Jorres Risse, Sir Henry, Volker Spengler, Axel Wandtke

Medea nach der Seneca-Tragödie und Alexander Kluges »Heidegger auf der Krim«
Premiere am 10. Juni 2009
Raum und Kostüme: Bert Neumann
Licht: Torsten König, Dramaturgie: Sebastian Kaiser
Mit: Jeanette Spassova, Margarita Breitkreiz, Irina Potapenko, Marc Hosemann, Hermann Beyer, Volker Spengler, Frank Büttner

Ozean von Friedrich von Gagern
Premiere am 12. November 2009
Raum und Kostüme: Bert Neumann
Dramaturgie: Sebastian Kaiser
Mit: Max Hopp, Michael Schweighöfer, Hermann Beyer, Axel Wandtke, Volker Spengler, Dieter Montag, Kurt Naumann Skubowius, Silvia Rieger, Jean Chaize, Harald Warmbrunn, Mex Schlüpfer, Samir Osman, Marko Dyrlich, Maria Kwiatkowsky, Bärbel Bolle, Anne Ratte-Polle, Laura Lo Zito, Frank Büttner, Mario Fechner, Henry Krohmer

Die Soldaten von Jakob Michael Reinhold Lenz
Premiere am 25. Februar 2010
Kostüme: Adriana Braga
Musikalische Leitung: Sir Henry
Licht: Hans-Hermann Schulze
Dramaturgie: Sebastian Kaiser
Mitarbeit Bühne: Edwin Bustamante
Mit: Kurt Naumann Skubowius, Bärbel Bolle, Margarita Breitkreiz, Ada Labahn, Mex Schlüpfer, Hans Schenker, Harald Warmbrunn, Frank Büttner, Axel Wandtke, Henry Krohmer, Uwe Dag Berlin, Volker Spengler, Ada Labahn, Ruth Rosenfeld, Sir Henry

Nach Moskau! Nach Moskau! nach Tschechows »Drei Schwestern« und der Erzählung »Die Bauern«
Koproduktion der Volksbühne am Rosa-Luxemburg-Platz mit dem Internationalen Tschechow Theater Festival, den Wiener Festwochen und dem Goethe-Institut Moskau
Premiere am 16. September 2010
Bühne und Kostüme: Bert Neumann
Licht: Lothar Baumgarten, Musik: Sir Henry
Dramaturgie: Sebastian Kaiser
Mit: Trystan Pütter, Kathrin Angerer, Silvia Rieger, Jeanette Spassova, Margarita Breitkreiz, Sir Henry, Milan Peschel, Lars Rudolph, Bärbel Bolle, Mex Schlüpfer, Bernhard Schütz, Harald Warmbrunn, Frank Büttner, Martha Fessehatzion

Lehrstück von Bertolt Brecht
Musik: Paul Hindemith
Premiere am 5. Oktober 2010
Raumidee: Bert Neumann
Mitarbeit Bühne: Jochen Hochfeld
Kostüme: Ulrike Köhler
Musikalische Einstudierung/Arrangement: stefanpaul, Licht: Torsten König
Dramaturgie: Sebastian Kaiser
Mit: Kathrin Angerer, Margarita Breitkreiz, Hans Schenker, Mex Schlüpfer, Axel Wandtke, Ruth Rosenfeld

Der Kaufmann von Berlin von Walter Mehring
Premiere am 20. November 2010
Bühne: Bert Neumann, Kostüme: Tabea Braun, Licht: Lothar Baumgarten
Dramaturgie: Sebastian Kaiser
Mit: Kathrin Angerer, Bärbel Bolle, Margarita Breitkreiz, Marc Hosemann, Dieter Mann, Sophie Rois, Mex Schlüpfer, Volker Spengler

Der Spieler nach Fjodor Dostojewski
Koproduktion mit den Wiener Festwochen
Premiere am 30. September 2011
Bühne und Kostüme: Bert Neumann
Licht: Lothar Baumgarten, Musik: Sir Henry
Kamera: Andreas Deinert, Mathias Klütz, Liveschnitt: Jens Crull, Ton: Klaus Dobbrick
Dramaturgie: Sebastian Kaiser
Mit: Alexander Scheer, Sophie Rois, Kathrin Angerer, Hendrik Arnst, Georg Friedrich, Margarita Breitkreiz, Mex Schlüpfer, Frank Büttner, Sir Henry

Die Marquise von O... nach Heinrich von Kleist
Premiere am 3. März 2012
Bühne und Kostüme: Bert Neumann
Licht: Torsten König
Dramaturgie: Sebastian Kaiser
Mit: Kathrin Angerer, Hendrik Arnst, Frank Büttner, Sylvester Groth, Marc Hosemann, Ilse Ritter, Jeanette Spassova, Joachim Tomaschewsky

Der Geizige von Molière
Premiere am 8. Juni 2012
Bühne und Kostüme: Bert Neumann
Licht: Lothar Baumgarten
Kamera: Andreas Deinert
Musikalische Einrichtung: Wolfgang Urzendowsky
Video: Jens Crull, Dramaturgie: Sebastian Kaiser
Mit: Martin Wuttke, Franz Beil, Lilith Stangenberg, Maximilian Brauer, Axel Wandtke, Kathrin Angerer, Sophie Rois, Margarita Breitkreiz

Die Wirtin von Fjodor M. Dostojewski
Premiere am 2. November 2012
Bühne und Kostüme: Bert Neumann
Licht: Lothar Baumgarten
Kamera: Andreas Deinert, Mathias Klütz, Liveschnitt: Jens Crull
Musikalische Einrichtung: Klaus Dobbrick, William Minke
Dramaturgie: Sebastian Kaiser, Elena Sinanina
Mit: Kathrin Angerer, Marc Hosemann, Trystan Pütter, Hendrik Arnst, Volker Spengler, Harald Warmbrunn

Inszenierungsverzeichnis

Das Duell nach Anton Tschechow
Premiere am 27. März 2013
Bühne: Aleksandar Denic
Kostüme: Adriana Braga
Licht: Lothar Baumgarten
Kamera: Mathias Klütz, Harald Mellwig,
Video-Liveschnitt: Jens Crull, Konstantin Hapke
Sounddesign: Christopher von Nathusius,
Dramaturgie: Sebastian Kaiser
Mit: Sophie Rois, Silvia Rieger, Lilith Stangenberg, Kathrin Angerer, Kathrin Wehlisch, Bärbel Bolle, Martha Fessehatzion, Leonie Jenning, Hermann Beyer

La Cousine Bette nach Honoré de Balzac
Premiere am 19. Dezember 2013
Bühne: Bert Neumann, Kostüme: Tabea Braun
Licht: Lothar Baumgarten,
Kamera: Andreas Deinert, Mathias Klütz, Adrien Lamande
Live-Schnitt: Jens Crull
Musikalische Konzeption: Wolfgang Urzendowsky
Dramaturgie: Sebastian Kaiser
Mit: Jeanne Balibar, Alexander Scheer, Kathrin Angerer, Marc Hosemann, Claire Sermonne, Bernhard Schütz, Lilith Stangenberg, Maximilian Brauer, Noa Niv

Baumeister Solness nach Henrik Ibsen
Premiere am 28. April 2014
Bühne und Kostüme: Bert Neumann
Licht: Lothar Baumgarten
Musikalische Einrichtung: Klaus Dobbrick
Dramaturgie: Sebastian Kaiser
Mit: Marc Hosemann, Kathrin Angerer, Harald Warmbrunn, Daniel Zillmann, Hanna Hilsdorf, Mex Schlüpfer

Kaputt Tour de force européenne nach Malaparte
Premiere am 8. November 2014
Bühne und Kostüme: Bert Neumann
Licht: Lothar Baumgarten
Kamera: Andreas Deinert, Mathias Klütz
Video-Schnitt: Jens Crull
Ton: Wolfgang Urzendowsky, Christopher von Nathusius, Tonangel: William Minke
Dramaturgie: Sebastian Kaiser
Mit: Jeanne Balibar, Margarita Breitkreiz, Frank Büttner, Georg Friedrich, Patrick Güldenberg, Britta Hammelstein, Horst Günter Marx, Mex Schlüpfer, Axel Wandtke, Harald Warmbrunn

Die Brüder Karamasow
nach Fjodor M. Dostojewski
Koproduktion mit den Wiener Festwochen
Premiere am 6. November 2015
Bühne und Kostüme: Bert Neumann
Licht: Lothar Baumgarten
Video: Andreas Deinert, Jens Crull
Kamera: Andreas Deinert, Mathias Klütz, Adrien Lamande, Videoschnitt: Jens Crull
Musik: Wolfgang Urzendowsky
Ton: Klaus Dobbrick, Tobias Gringel
Tonangel: William Minke, Dario Brinkmann
Dramaturgie: Sebastian Kaiser
Mit: Hendrik Arnst, Marc Hosemann, Alexander Scheer, Daniel Zillmann, Sophie Rois, Kathrin Angerer, Lilith Stangenberg, Jeanne Balibar, Patrick Güldenberg, Margarita Breitkreiz, Frank Büttner

Judith Tragödie von Friedrich Hebbel
Premiere am 20. Januar 2016
Raum: Bert Neumann, Einrichtung: Caroline Rössle Harper, Kostüme: Tabea Braun
Chorleitung: Christine Groß
Licht: Lothar Baumgarten
Videokonzeption und Kamera: Andreas Deinert
Ton: Christopher von Nathusius
Tonangel: William Minke
Dramaturgie: Sebastian Kaiser
Mit: Birgit Minichmayr, Martin Wuttke, Jasna Fritzi Bauer, Mex Schlüpfer, Stefan Kolosko, Jakob D'Aprile, Marcus Schinkel

Die Kabale der Scheinheiligen. Das Leben des Herrn de Molière nach Michail Bulgakow
Premiere am 28. Mai 2016
Bühne: Aleksandar Denic
Kostüme: Adriana Braga
Licht: Lothar Baumgarten
Musik: Sir Henry
Kamera: Andreas Deinert, Mathias Klütz, Kathrin Krottenthaler, Videoschnitt: Jens Crull
Ton: Klaus Dobbrick, Tobias Gringel
Tonangel: Dario Brinkmann, William Minke
Dramaturgie: Sebastian Kaiser
Mit: Sophie Rois, Alexander Scheer, Georg Friedrich, Jeanne Balibar, Hanna Hilsdorf, Lars Rudolph, Jean-Damien Barbin, Patrick Güldenberg, Rocco Mylord, Daniel Zillmann, Frank Büttner, Brigitte Cuvelier, Jean Chaize, Sir Henry

Faust
Premiere am 3. März 2017
Bühne: Aleksandar Denic, Kostüme: Adriana Braga, Licht: Lothar Baumgarten
Kamera: Andreas Deinert, Mathias Klütz
Videoschnitt: Jens Crull, Maryvonne Riedelsheimer
Musik/Ton: Tobias Gringel, Christopher von Nathusius
Tonangel: Dario Brinkmann, Lorenz Fischer, William Minke, Cemile Sahin
Dramaturgie: Sebastian Kaiser
Mit: Martin Wuttke, Marc Hosemann, Valery Tscheplanowa, Alexander Scheer, Sophie Rois, Lars Rudolph, Lilith Stangenberg, Hanna Hilsdorf, Daniel Zillmann, Thelma Buabeng, Frank Büttner, Angela Guerreiro, Abdoul Kader Traoré, Sir Henry

Ein schwaches Herz nach Fjodor M. Dostojewski
Premiere am 1. Juni 2017
Raum: Bert Neumann
Bühne und Kostüme: Nina von Mechow
Licht: Rainer Casper
Videoregie/Kamera: Andreas Deinert
Kamera: Mathias Klütz, Adrien Lamande, Luna Zscharnt
Videoschnitt: Jens Crull, Maryvonne Riedelsheimer
Musik/Ton: Christopher von Nathusius, Tobias Gringel
Tonangel: Dario Brinkmann, Lorenz Fischer
Dramaturgie: Sebastian Kaiser
Mit: Kathrin Angerer, Jeanne Balibar, Margarita Breitkreiz, Frank Büttner, Georg Friedrich, Mex Schlüpfer, Sir Henry, Daniel Zillmann und Souffleuse: Elisabeth Zumpe